Walther Ziegler

Habermas
in 60 Minuten

Dank an Rudolf Aichner für seine unermüdliche und kritische Redigierung, Silke Ruthenberg für die feine Grafik, Angela Schumitz, Lydia Pointvogl, Eva Amberger, Christiane Hüttner, Dr. Martin Engler für das Lektorat und Dank an Prof. Guntram Knapp, der mich für die Philosophie begeistert hat.

Bibliografische Information der Deutschen Nationalbibliothek:
Die Deutsche Nationalbibliothek verzeichnet diese Publikation in der Deutschen
Nationalbibliografie; detaillierte bibliografische Daten sind im Internet über www.dnb.de
abrufbar.

© 2017 Dr. Walther Ziegler
Umschlaggestaltung und Grafik des gesamten Buches: Silke Ruthenberg
unter Verwendung von Illustrationen von:
Raphael Bräsecke, Creactive – Atelier für Werbung, Comic & Illustration (Zeichnungen)
© JackF - Fotolia.com (Bilderrahmen)
© Valerie Potapova - Fotolia.com (Bilderrahmen)
© Svetlana Gryankina - Fotolia.com (Sprechblasen)
Herstellung und Verlag:
BoD – Books on Demand, Norderstedt

ISBN 9783743187320

Inhalt

Die große Entdeckung von Habermas 7

Der Kerngedanke von Habermas 23

  Die Doppelstruktur der menschlichen Sprache 23

  Die vier Geltungsansprüche und der hartnäckige Wunsch nach Verständigung 30

  „Fahr ich oder fährst du?" Die vier Geltungsansprüche im Alltag 36

  Die Vernunft als Ziel jeder sprachlichen Verständigung 46

  Der herrschaftsfreie Diskurs und die Diskursethik 50

  Die Entwicklung der Menschheit unter dem Sprachparadigma 61

  Kommunikative gegen instrumentelle Vernunft 66

Was nützt uns die Entdeckung von Habermas heute? 83

  Der Kampf gegen die Kolonialisierung der Lebenswelt 83

  Eugenik – die Selbstzüchtung des Menschen Kommunikativ statt instrumentell handeln! 89

  Das dritte Jahrtausend: Neue Barbarei oder Entfaltung der kommunikativen Rationalität? 96

  Den herrschaftsfreien Diskurs wagen! 103

Zitatverzeichnis 116

Die große Entdeckung von Habermas

Jürgen Habermas (geb. 1929) gilt als der wohl bedeutendste zeitgenössische Philosoph des ausgehenden 20. und beginnenden 21. Jahrhunderts. Er ist weit über die Grenzen Europas hinaus bekannt. Sein Hauptwerk ‚Die Theorie des kommunikativen Handelns' ist inzwischen in über 40 Sprachen übersetzt und wird weltweit diskutiert. Habermas hat alle maßgeblichen englischen, amerikanischen, französischen und deutschen Philosophen, Sprachwissenschaftler, Soziologen, Psychologen und Psychoanalytiker gelesen und deren Erkenntnisse in seine eigene Theorie integriert. Es gibt im Grunde keinen zweiten Philosophen, dem es gelang, so viele zentrale Gedanken der aktuellen und klassischen philosophischen und sozialwissenschaftlichen Forschung produktiv in seine eigene Theorie einzubeziehen. Herausgekommen ist dabei aber nicht, wie man erwarten könnte, ein Kondensat oder eine Zusammenschau des zeitgenössischen Denkens. Nein – trotz aller Belesenheit und Vielseitigkeit gibt Habermas am Ende seine ganz eigene Antwort auf die Sinnfrage.

Seine große philosophische Entdeckung ist furios und bescheiden zugleich. Furios, weil Habermas fast zweihundert Jahre nach den großen Geschichtsphilosophen Hegel und Marx noch einmal versucht, den Sinn der gesamten Menschheitsgeschichte zu entschlüsseln und aufzeigt, dass es Vernunft in der Geschichte gibt und auch weiterhin geben wird; bescheiden, weil er die Möglichkeit der Menschheit, die Zukunft vernünftig zu gestalten ohne jedes Pathos beschreibt und pragmatisch aus einem Alltagsphänomen herleitet.

War es noch bei Hegel die mystische Selbstbewegung des ‚Weltgeistes', der die Geschichte vorantrieb, bei Marx die Dramatik des ‚Klassenkampfes', so entdeckt Habermas den Motor der Menschheitsentwicklung in einem ganz unscheinbaren und alltäglichen Phänomen - der Sprache:

> Das, was uns aus Natur heraushebt, ist [...] *die Sprache*. Mit ihrer Struktur ist Mündigkeit *für uns* gesetzt. Mit dem ersten Satz ist die Intention eines allgemeinen und ungezwungenen Konsensus unmissverständlich ausgesprochen. [2]

In diesem kleinen Zitat steckt bereits der subtile und zugleich revolutionäre Kerngedanke von Habermas. Das, was uns aus der Natur heraushebt, was uns von den Tieren und Pflanzen unterscheidet, ist die Sprache. Jeder Mensch hat nämlich die Fähigkeit zu sprechen. Habermas bezeichnet die Sprache deshalb auch als eine ‚Gattungskompetenz', die uns Menschen im Moment unserer Geburt als angeborene Fähigkeit zukommt und uns von allen anderen Wesen abhebt. Und tatsächlich ist die sprachliche Verständigung beim Menschen in einer Weise ausgebildet und entwickelt, wie man sie sonst bei keiner anderen Gattung vorfindet. Sie ist universal. So lernt ein Kind aus dem tiefsten Bayern, das in Peking aufwächst, ebenso perfekt auf Chinesisch zu sprechen, wie umgekehrt ein chinesisches Kind, das in Oberammergau aufwächst am Ende nicht nur deutsch, sondern sogar bayerischen Dialekt sprechen kann.

Diese Eigenschaft der Menschen, miteinander reden zu können, ist der zentrale Ausgangspunkt der Philosophie von Habermas. Seine Entdeckung der Sprache als Schlüsselphänomen zur Erklärung von Geist, Identität und Gesellschaft hat auch einen nicht ganz uninteressanten biografischen Aspekt. Habermas selbst wurde mit einem sprachlichen Handicap, einer Gaumenanomalie, geboren, was seine Aussprache trotz zweier Operationen zeitlebens etwas beeinträchtigte und ihm als Kind den Spott seiner Mitschüler einbrachte. Habermas selbst meinte rückblickend, dass vielleicht gerade diese Beeinträchtigung seine Aufmerksamkeit für die Bedeutung der sprachlichen Verständigung zusätzlich geschärft habe.

Die Sprache steht für Habermas am Anfang und am Ende der Menschheitsgeschichte. Sie zeichnet uns den Weg vor – nicht irgendwohin, sondern in eine bessere Zukunft. In seinem berühmten Hauptwerk, der 1200 Seiten starken ‚Theorie des kommunikativen Handelns' entwickelt er Schritt für Schritt seine große Entwicklungshypothese: Das Erlernen und Ausüben der Sprache prägt sowohl die Entwicklung des Individuums als auch die der gesamten Menschheit und gipfelt im hartnäckigen Anspruch nach immer besserer und immer weiter gehender Verständigung:

Verständigung wohnt als Telos der menschlichen Sprache inne. [3]

‚Telos' ist das griechische Wort für ‚Ziel'. Übersetzt heißt der Satz also: Verständigung ist als Ziel in der

Sprache angelegt. Aber warum? Wieso zielt Sprache immer auf Verständigung ab? Natürlich kann ich mich im Alltag mit Hilfe der Sprache gut verständigen, mich mit anderen einigen, zum Beispiel einen Kompromiss finden oder mich sogar mit ihnen solidarisieren und ein gemeinsames Projekt verwirklichen. Ist Verständigung aber deshalb schon das ‚der Sprache innewohnende Ziel' oder ‚Telos'? Hat Habermas hier nicht eine zu optimistische Einschätzung vorgenommen?

Die Sprache, so könnte man ihm entgegnen, enthält doch gleichzeitig auch entgegengesetzte Tendenzen. Schließlich kann ich mit Hilfe der Sprache den anderen auch beschimpfen, beleidigen und ihm sogar tiefe Kränkungen zufügen. Worte führen bekanntlich keineswegs immer zu Konsens und Verständigung, sondern oft genug zu Streit und Auseinandersetzungen. Habermas kennt diese Gegenargumente. Dennoch, er bleibt bei seiner radikalen These:

> Mit dem ersten Satz ist die Intention eines allgemeinen und ungezwungenen Konsensus unmissverständlich ausgesprochen. [4]

Was meint er damit, dass ‚mit dem ersten Satz' der Wunsch nach einem Konsensus, also nach Übereinstimmung, ‚unmissverständlich ausgesprochen ist'? Seine Aussage hat letztlich eine historische Dimension, ja, man könnte sogar sagen, eine prähistorische. Das bedeutet nicht mehr und nicht weniger, als dass der Urmensch mit dem ersten Satz, den er zu einem anderen gesagt hat, einen Prozess in Gang gebracht hat, der bis heute wirksam ist und zu immer größerer Verständigung unter den Menschen führt. Denn, was auch immer er zu dem anderen Urmenschen gesagt haben mag, eines steht für Habermas außer Frage: er hatte bereits den Wunsch, dass der andere ihn verstehen möge, sonst hätte er erst gar nicht zu reden begonnen. Und selbst wenn er den anderen angebrüllt oder bedroht hat, und der erste Satz in der Menschheitsgeschichte ein aggressiver Akt war, wollte er doch zumindest damit erreichen, dass der andere ihn versteht und entsprechend reagiert.

Wenn der Urmensch beispielsweise mit einer Keule vor seiner Höhle stand und gerufen hat: „Weg da – das ist meine Höhle!" oder was wahrscheinlicher ist, einfach nur laut gebrüllt, mit der Faust gedroht und die Keule geschwungen hat, wollte er mit seiner Laut- und Zeichensprache letztlich doch irgendwie erreichen, dass der andere seinen Wohnsitz und sein

Revier respektiert und weiterzieht. Er wollte sich mit ihm auf etwas verständigen und hat damit einen allerersten archaischen Verständigungsprozess in Gang gebracht.

Vielleicht waren die ersten Worte in der Geschichte der Menschheit auch Warnrufe eines Jägers, der seine Stammesmitglieder auf ein gefährliches Tier aufmerksam machen wollte oder ein beruhigender Summton einer Mutter an ihr Kind gerichtet. In jedem Fall begann mit dem ersten Satz ein zunehmender Austausch von Lauten, Handzeichen, Wörtern und Sätzen. Denn nachdem der Wunsch nach Verständigung erst einmal in der Welt war, entfaltete er seine eigentümlich verbindende Wirkung, an deren Ende nach Habermas eine Weltgesellschaft stehen kann, in der die Menschheit den „allgemeinen und ungezwungen Konsens" verwirklicht, jenseits von Herkunft, Kapital und Bildung ihrer Mitglieder. Es regieren dann, so Habermas, nicht mehr Macht und Gewalt, sondern der „zwanglose Zwang des besseren Argumentes".[5]

Diese positive Prognose ist, darauf legt Habermas größten Wert, keine idealistische Annahme, sondern eine nachweisbare Entwicklung, die in der Sprache selbst fest verankert ist.

Und tatsächlich gelingt es Habermas in seinem Hauptwerk, der ‚Theorie des kommunikativen Handelns', und einigen vorbereitenden Büchern wie der ‚Universalpragmatik' in akribischer Kleinarbeit zu belegen, dass in jedem unserer Alltagssätze, also in jeder beliebigen Sprechhandlung, bereits der Keim für eine spätere Verständigung angelegt ist, egal wann und wo jemand irgendetwas sagt. Deshalb schreibt Habermas selbstbewusst:

> Ich werde die These entwickeln, dass jeder kommunikativ Handelnde im Vollzug einer beliebigen Sprechhandlung universale Geltungsansprüche erheben und ihre Einlösbarkeit unterstellen muss. ⁷

Habermas entwickelt also die spannende These, dass jeder, der spricht, ob er nun will oder nicht, automatisch bestimmte ‚Ansprüche' erhebt, das heißt Annahmen macht und diese Annahmen letztlich auf vernünftige Verständigung abzielen. Denn jeder von uns, der die Lippen bewegt und redet, so Habermas, muss, ohne es auszusprechen und vielleicht sogar ohne es selbst immer gleich zu merken, erst mal ein paar unterschwellige Annahmen machen und unterstellen, dass seine Annahmen auch richtig sind und eingelöst werden können. Eben diese Annahmen, die bei jedem Gespräch unbemerkt mitschwingen, bezeichnet Habermas als ‚universale Geltungsansprüche'.

Einer von diesen ‚universalen Geltungsansprüchen' besteht zum Beispiel schlicht und einfach darin, dass wir in dem Moment, in dem wir zu sprechen beginnen, den Anspruch haben, dass der andere uns akustisch und inhaltlich auch versteht, also dass ich zum Beispiel laut genug rede und dass der andere den Inhalt irgendwie entschlüsseln kann, also dieselbe Landessprache spricht und zudem alt genug ist, meine Worte grammatikalisch und inhaltlich auch irgendwie zu begreifen. Kurz und knapp – wenn wir etwas sagen, dann unterstellen wir, dass das Gesagte auch die Chance hat, gehört und verstanden zu werden. Umgekehrt unterstellen und verlangen wir von unserem Gegenüber genau dasselbe, nämlich dass der andere, wenn er etwas zu mir sagt, dies in einer Weise macht, dass ich es ebenfalls verstehen kann.

Und das ist nur ein allererstes Beispiel für eine ganze Reihe von solchen, unterschwellig in die Sprache eingelassenen Geltungsansprüchen. Habermas hat diese verborgenen, aber gleichwohl wirksamen Mechanismen der Sprache entdeckt und an die Oberfläche gebracht. Die Summe und das Zusammenwirken dieser Geltungsansprüche geben den Impuls zu einer immer weiter gehenden vernünftigen Verständigung. Die große philosophische Leistung von Habermas liegt demnach in der Entschlüsselung der Wirkung der Sprache. Das ist aber noch nicht alles. Zusätzlich zeigt er uns, wie wir diese Wirkung noch unterstützen und zielgerichtet entfalten können. Zu Beginn seiner Forschungen schreibt er:

Noch ist Sprache nicht als das Gespinst durchschaut, an dessen Fäden die Subjekte hängen und an ihnen zu Subjekten sich erst bilden. [8]

In seinem bahnbrechenden Hauptwerk, der ‚Theorie des kommunikativen Handelns', hat Habermas dann genau dies geleistet. Er hat die Sprache als das zentrale Phänomen erkannt, an dessen Fäden die menschlichen Subjekte wie Marionetten hängen. Erst durch die Sprache können wir uns als Individuen und als Gattung selbst erkennen und vernünftig entwickeln. Seine bis heute faszinierende These lautet:

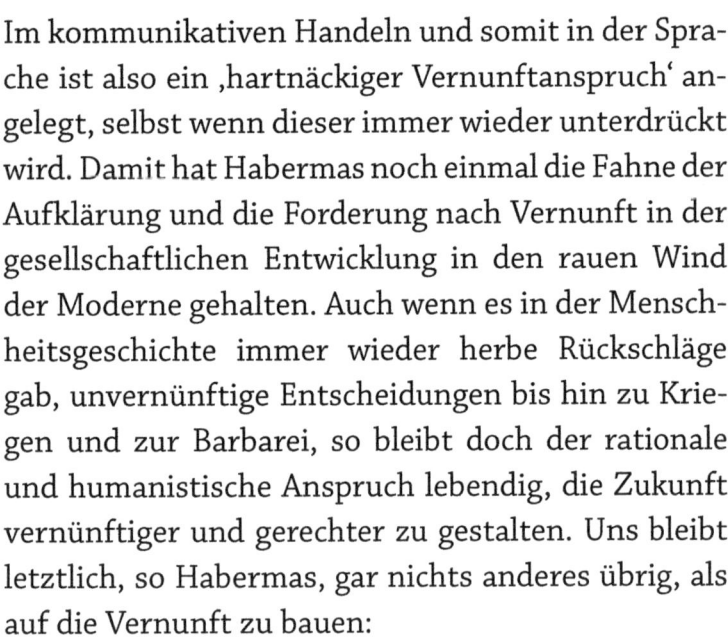

> In den Geltungsansprüchen, an denen wir uns im kommunikativen Handeln, wie implizit auch immer, orientieren müssen, ist ein hartnäckiger, wenn auch immer wieder unterdrückter Vernunftanspruch angelegt. [9]

Im kommunikativen Handeln und somit in der Sprache ist also ein ‚hartnäckiger Vernunftanspruch' angelegt, selbst wenn dieser immer wieder unterdrückt wird. Damit hat Habermas noch einmal die Fahne der Aufklärung und die Forderung nach Vernunft in der gesellschaftlichen Entwicklung in den rauen Wind der Moderne gehalten. Auch wenn es in der Menschheitsgeschichte immer wieder herbe Rückschläge gab, unvernünftige Entscheidungen bis hin zu Kriegen und zur Barbarei, so bleibt doch der rationale und humanistische Anspruch lebendig, die Zukunft vernünftiger und gerechter zu gestalten. Uns bleibt letztlich, so Habermas, gar nichts anderes übrig, als auf die Vernunft zu bauen:

Die große Entdeckung von Habermas

> Ich meine zeigen zu können, dass eine Gattung, die ihr Leben in den Strukturen von sprachlicher Verständigung [...] erhalten muss, *wesentlich* auf Vernunft angewiesen ist. [10]

Wir sind nicht nur auf Vernunft angewiesen, es gibt sie auch. Mit dieser These stellte sich Habermas radikal gegen seine eigenen Lehrmeister Adorno und Horkheimer. Denn diese hatten der Menschheit nach dem Holocaust und zwei Weltkriegen eine pessimistische Prognose gestellt. Die Vernunft als emanzipatorische Kraft mit der großen Forderung der Aufklärung nach ‚Freiheit, Gleichheit und Brüderlichkeit' wäre komplett gescheitert und sei untergegangen. Im modernen Kapitalismus herrsche nur noch die rein ‚instrumentelle Vernunft'. Das heißt, als vernünftig gilt nur noch das, was Profit, Macht und Geld bringt, was also instrumentell nützlich ist. Auch die Wissenschaft, insbesondere die Naturwissenschaft denke nur noch darüber nach, wie man die Maschinen noch effizienter ausnützen kann, die Fabriken, die Computer, die Bürokratie noch weiter optimieren und die Individuen zu guten Produzenten und Konsumenten erziehen könne. In dieser total manipulierten Welt gäbe es überhaupt keine ‚objektive Vernunft' mehr. Es regiere nur noch die ‚instrumentelle Vernunft'.

Adorno und Horkheimer gründeten deshalb die philosophische Schule der sogenannten ‚Kritischen Theorie', der zufolge man zwar den Kapitalismus und die ‚instrumentelle Vernunft' kritisieren kann und kritisieren muss, aber nicht mehr sagen kann, von welchem objektiven Standpunkt aus diese Kritik noch erfolgt. Denn eine objektive Vernunft, an der man die Entwicklung messen kann, könne es in der Geschichte nicht mehr geben, da jeder Mensch, auch die Philosophen selbst, Teil einer komplett manipulierten Welt sind, und somit selbst Opfer des instrumentellen und profitorientierten Denkens. Wir alle sind manipuliert, lautet die fatale Schlussfolgerung. Nur das Leiden, so Adorno, meldet der Vernunft noch an, dass etwas, so wie es ist, nicht sein dürfe.

Auch Habermas sieht sich in dieser Denktradition beheimatet und versteht sich selbst als Vertreter der ‚Kritischen Theorie'. Er war ja auch Assistent von Horkheimer und teilte dessen Kritik am Voranschreiten der ‚instrumentellen Vernunft' in der kapitalistischen Gesellschaft. Aber, so Habermas, seine Lehrer

Die große Entdeckung von Habermas

Adorno und Horkheimer hätten etwas Wesentliches übersehen. Neben der instrumentellen kapitalistischen Vernunft, die unsere Lebenswelt seit der Aufklärung zunehmend bedroht, gibt es seit jeher auch die kommunikative Vernunft, die uns einen alternativen Weg weisen kann. Denn in der Sprache steckt eine emanzipatorische Kraft, mit deren Hilfe die Menschen sich gegen die Auswüchse des Kapitalismus zur Wehr setzen können. Der Egoismus und die konkurrierenden Profitinteressen erscheinen uns zwar gerade heute als starke naturwüchsige Kräfte, aber wir Menschen können uns mit Hilfe der Sprache auf Werte und Normen verständigen, die der instrumentellen Vernunft entgegenstehen:

Das, was uns aus Natur heraushebt, ist [...] *die Sprache*. Mit ihrer Struktur ist Mündigkeit *für uns* gesetzt. [11]

Zwingt uns die Sprache tatsächlich zur Mündigkeit? Gibt es eine solche emanzipatorische Kraft oder ist die Sprache am Ende doch nur ein neutrales Hilfsmittel – ein Werkzeug? Und wenn die Sprache tatsächlich die ganze Menschheit zusammenwachsen lässt, warum gibt es dann immer noch Kriege?

Habermas beantwortet all diese Fragen. Darüber hinaus fordert er von jedem Einzelnen von uns, den ‚herrschaftsfreien Diskurs' zu praktizieren. Die Sprache enthält zwar den Keim und das Ziel der weltweiten Verständigung, aber dieser Prozess ist kein Selbstläufer. Es liegt an uns. Wir können, so Habermas, die Voraussetzungen dafür schaffen, dass sich die kommunikative Rationalität weiter entfalten kann. Mit seiner berühmten Diskursethik gibt er uns ein schillerndes Werkzeug an die Hand.

Der Kerngedanke von Habermas

Die Doppelstruktur der menschlichen Sprache

Bereits vor der Ausarbeitung seines Hauptwerkes macht Habermas in einer Vorstudie eine interessante Entdeckung. Die sprachliche Verständigung, so Habermas, hat eine schillernde Doppelstruktur. Sie läuft gleichzeitig auf zwei verschiedenen Ebenen ab, der Inhaltsebene und der Beziehungsebene, wobei wir die zweite Ebene meistens übersehen oder nur unterschwellig wahrnehmen. Sie ist aber immer präsent. Denn, sobald wir als Sprecher und Hörer mit einem anderen Menschen ins Gespräch kommen, geht es keineswegs nur um das inhaltlich Gesagte, sondern gleichzeitig auch darum, wie wir es sagen und wie wir miteinander umgehen, also um die Beziehungsebene oder wie Habermas sagt, um die Dimension der ‚Intersubjektivität'. Wir begeben uns automatisch auf die zwei folgenden Ebenen:

> a) die Ebene der Intersubjektivität, auf der die Sprecher/Hörer *miteinander* sprechen, und b) die Ebene der Gegenstände, über die sie sich verständigen (wobei ich unter ‚Gegenständen' Dinge, Ereignisse, Zustände, Personen, Äußerungen und Zustände von Personen verstehen möchte). [12]

Das bedeutet, dass wir in jedem Gespräch einerseits miteinander reden, also zum Beispiel mit einem alten Freund, einem Kollegen, der Mutter, der Freundin oder einem Unbekannten, dem wir vielleicht sogar misstrauen und anderseits reden wir immer über irgendein Thema, über Fußball, Politik oder das Wetter. Wir unterhalten uns also stets ‚mit' jemand über ‚etwas', somit hat jedes Gespräch eine ‚Beziehungs-' und eine ‚Inhaltsebene'.

Die beiden Ebenen sind in den Alltagsgesprächen in der Regel miteinander verwoben. In manchen Gesprächen werden auch gleich beide Ebenen, also die Beziehungs- und die Inhaltsebene direkt thematisiert. Wenn zum Beispiel ein Jugendlicher zu seiner Freundin am Handy sagt: „Ich schwöre dir, dass ich diesmal 100prozentig nicht zu spät komme und dich morgen echt pünktlich um 18 Uhr am Bahnhof abhole. Ich bin sogar 10 Minuten früher da.", dann hat er auf der intersubjektiven Beziehungsebene seiner Freundin zu verstehen gegeben, dass sie ihm sehr wohl wichtig ist und er sie so sehr schätzt und liebt, dass er sich vorgenommen hat, sie diesmal nicht, wie in früheren Fällen, durch zu spät kommen zu enttäuschen. Auf der Inhaltsebene hat er nur gesagt, dass er sie morgen um 18 Uhr am Bahnhof vom Zug abholt. Das Zusammenspiel dieser beiden Ebenen ergibt nach Habermas:

[…] die Doppelstruktur umgangssprachlicher Kommunikation. [13]

Diese Unterscheidung klingt zunächst völlig trivial, ist aber in manchen Gesprächssituationen folgenreicher als man denkt. Das kann man an einem ganz einfachen Beispiel sehen. Jeder von uns hat schon einmal die Erfahrung gemacht, dass ein Gespräch so richtig schief gegangen ist, obwohl es auf der Inhaltsebene eigentlich gar keine so großen Differenzen gab. Der Grund dafür, dass Gespräche manchmal aus dem Ruder laufen, liegt darin, dass der Austausch der inhaltlichen Argumente von einem unterschwelligen Konflikt auf der Beziehungsebene überschattet wird. Wir legen unser bewusstes Augenmerk in der Regel nur auf die Inhaltsebene, streiten uns verbissen über Details und wundern uns am Ende, dass es in der Sache zu keiner Verständigung gekommen ist, obwohl unsere Argumente doch eigentlich gut waren.

Wenn wir aber später in uns gehen, spüren wir ganz genau, warum das Gespräch gescheitert ist. Wir haben den anderen vielleicht beleidigt oder uns umgekehrt vom anderen beleidigt gefühlt. Und wenn sich erst mal einer von beiden oder beide Gesprächsteilnehmer auf der Beziehungsebene herabgesetzt fühlen, sind die Argumente auf der Inhaltsebene meist wirkungslos, da ohnehin keiner mehr dem anderen noch irgendetwas zugestehen will. Es wird dann zwar verbissen weiterargumentiert, aber natürlich vergebens, wenn der zu Grunde liegende Konflikt nicht thematisiert oder aufgelöst wird.

Interessanterweise aber, so Habermas, führen solche

Erfahrungen gescheiterter Kommunikation keineswegs zu einer Resignation. Im Gegenteil – bei jedem neuen Gespräch gehen wir wieder optimistisch davon aus, dass eine echte Einigung im Prinzip möglich ist, dass wir uns also auf der Inhaltsebene jederzeit verständigen können ohne dass uns die Beziehungsebene dazwischenkommt. Wir unterstellen nämlich bewusst oder unbewusst immer, dass wir notfalls die Beziehungsebene thematisieren, die Bedürfnisse offen legen und dann auf der reinen Inhaltsebene weiterdiskutieren können, was in vielen Gesprächen ja auch gelingt. Habermas formuliert das so:

> Wir unterstellen, dass zurechnungsfähige Subjekte, jederzeit aus einem problematischen Handlungszusammenhang heraustreten und einen Diskurs aufnehmen könnten. [14]

‚Einen Diskurs aufnehmen' bedeutet, dass wir aus etwaigen Verstrickungen und Problemen der Beziehungsebene ‚heraustreten' und dann in einer zwanglosen Atmosphäre auf der reinen Inhaltsebene unsere

Argumente weiter austauschen und zu einer Einigung kommen. Unter ‚Diskurs' versteht Habermas also etwas anderes, als unter Alltagskommunikation. Der Diskurs stellt im Hinblick auf die Wahrheitsfindung eine qualitativ höhere Ebene dar. Ein Diskurs ist also im Unterschied zur Alltagskommunikation ein Gespräch, das eben nicht, oder nicht mehr, von unterschwelligen Beziehungsverwerfungen belastet oder verzerrt ist, sondern in einer bereinigten ‚idealen Sprechsituation' stattfindet:

Die ideale Sprechsituation schließt systematische Verzerrung der Kommunikation aus. Nur dann herrscht ausschließlich der eigentümlich zwanglose Zwang des besseren Argumentes, der die methodische Überprüfung von Behauptungen sachverständig zum Zug kommen lässt [...] [15]

Diese ‚ideale Sprechsituation', in der nur noch das ‚bessere Argument' zählt, ist aber keinesfalls eine

Der Kerngedanke von Habermas

Idealisierung oder irgendein utopisches Ziel, sondern nach Habermas eine Unterstellung, die wir hunderte Mal am Tag machen, und zwar immer dann, wenn wir zu sprechen beginnen. Wir verlassen uns nämlich auch in der Alltagskommunikation immer schon darauf, dass wir etwaige Konfliktfälle auf der Beziehungsebene notfalls thematisieren, ausblenden und damit auf die Diskursebene wechseln können. Letztlich, so Habermas, können wir gar nicht anders, als beim Sprechen automatisch zu unterstellen, dass das Gespräch zu einer echten Übereinkunft führen kann und unser diesbezüglicher Anspruch auch eingelöst wird:

> Ich werde die These entwickeln, dass jeder kommunikativ Handelnde im Vollzug einer beliebigen Sprechhandlung universale Geltungsansprüche erheben und ihre Einlösbarkeit unterstellen muss. [16]

Jeder Mensch, so Habermas, geht also immer wieder hartnäckig davon aus, dass sein Wunsch nach Verständigung eingelöst wird, auch wenn natürlich nicht alle Gespräche optimal verlaufen.

Die vier Geltungsansprüche und der hartnäckige Wunsch nach Verständigung

Und damit sind wir bereits beim Kerngedanken von Habermas. Wenn wir nämlich zu Beginn und während eines Gesprächs tatsächlich unterstellen bzw. den Anspruch erheben, dass wir uns im Prinzip mit dem anderen auch wirklich einigen können, dann stellt sich die Frage, was diese Unterstellung im Einzelnen bedeutet. Und genau das ist die große philosophische Entdeckung von Habermas. Er schaut mit dem Vergrößerungsglas des Sprachphilosophen und Kommunikationsforschers auf den Beginn einer jeden ‚beliebigen Sprechhandlung' und untersucht, welche Ansprüche die Gesprächsteilnehmer stellen, wenn sie zu reden beginnen, oder genauer gesagt, welche Ansprüche sie stellen müssen, damit ihr Reden sinnvoll ist. Und – so viel sei vorweggenommen – er entdeckt vier universale Geltungsansprüche, die jeder Mensch auf der ganzen Welt stellt und stellen muss, wenn er zu reden beginnt. Denn, so Habermas:

Der Kerngedanke von Habermas

Sofern er überhaupt an einem Verständigungsprozess teilnehmen will, kann er nicht umhin die folgenden und zwar genau diese universalen Ansprüche zu erheben.
- sich verständlich *auszudrücken*
- *etwas* zu verstehen zu geben,
- *sich* dabei verständlich zu machen,
- und sich *miteinander* zu verständigen. [17]

Habermas behauptet also, dass wir alle, sobald wir den Mund aufmachen und einen Satz sagen, automatisch genau diese vier von ihm entdeckten Ansprüche stellen.

Der erste Geltungsanspruch ist die *Verständlichkeit*. Es geht mir erst einmal darum, dass ich beim Reden auch verstanden werde. Ich gehe also bewusst oder unbewusst immer schon davon aus, dass es mir gelingt, so laut und deutlich in einer Grammatik und in hinreichend gut formulierten Sätzen zu sprechen, dass der andere eine Chance hat, mich generell zu verstehen, sonst würde ich ja gar nicht erst zu reden beginnen. Es wäre ja auch völlig sinnlos, nur kryptisch zu glucksen. Also lautet mein erster Geltungsanspruch: Ich will als einer gelten, der sich verständlich *ausdrückt*.

Der zweite Geltungsanspruch, den wir laut Habermas automatisch stellen, bezieht sich auf den Inhalt. Es geht mir nämlich immer auch darum *etwas*, also darum, irgendeinen Inhalt weiterzugeben. Ich gehe, wenn ich zu reden beginne, bewusst oder unbewusst davon aus, dass ich es schaffen kann, einen konkreten Inhalt, z.B. eine Meinung, eine Idee, einen Fakt, einen Sachverhalt, etc. wiederzugeben, den der andere als einen solchen erkennen kann, auch wenn er diesen Inhalt vielleicht nicht gut findet oder sogar kritisiert. Er weiß zumindest, was ich sagen wollte. Also lautet der zweite Geltungsanspruch: Ich will als einer gelten, der *etwas* zu sagen hat, der also *etwas* zu verstehen gibt.

Der dritte Geltungsanspruch bezieht sich auf meine Aufrichtigkeit oder wie Habermas selbst sagt, auf meine ‚*Wahrhaftigkeit*'. Es geht mir nämlich bei jedem Gespräch bewusst oder unbewusst immer auch darum, dass das, was ich inhaltlich von mir gebe, auch dem entspricht, was ich wirklich meine und wozu ich stehe und innerlich verbindlich bin und nicht irgendetwas, an das ich selbst nicht glaube. Also lautet der dritte Geltungsanspruch: Ich will bewusst oder unbewusst, dass die anderen, wenn ich zu reden beginne, davon ausgehen, dass das, was ich sage auch aufrichtig und ehrlich von mir gemeint und nicht einfach nur dahin gesagt oder gar gelogen ist. Ich will als einer gelten, der wahrhaftig ist und *sich* ehrlich mitteilt.

Der vierte und letzte Geltungsanspruch bezieht sich, so Habermas, auf die ‚Richtigkeit' meiner Aussage, also auf die Korrektheit und allgemeine Gültigkeit dessen, was ich sage. Ich will nämlich bewusst oder unbewusst auch immer schon, dass das von mir Gesagte generell *‚wahr und richtig'* ist. Damit ist der vierte und letzte Geltungsanspruch vielleicht der höchste oder anspruchsvollste. Ich wünsche mir nämlich am Ende nicht nur, dass das von mir Gesagte verständlich ausgedrückt ist (1. Geltungsanspruch), einen griffigen Inhalt hat (2. Geltungsanspruch) und von mir auch ehrlich so gemeint ist (3. Geltungsanspruch). Nein – ich will darüber hinaus auch noch, dass das Gesagte im Gespräch als *‚wahr und richtig'* gelten kann und das bedeutet im Idealfall, dass alle anderen, mit denen ich rede, das von mir Gesagte gleichermaßen als ‚richtig' bestätigen, mir zustimmen und die gemeinsam erkannte ‚Wahrheit' mit mir teilen, oder aber, falls sie aus ihrer Sicht der Dinge nicht zustimmen können, mit mir über den Wahrheitsgehalt so lange diskutieren, bis wir uns auf eine gemeinsame „Wahrheit" einigen können. In jedem Fall aber lautet der vierte Geltungsanspruch: Ich will als einer gelten, der einen Vorschlag dazu macht, was ‚wahr und richtig' ist und sich darüber mit den Vorschlägen der anderen, also mit dem, was diese für ‚wahr und richtig' halten, verständigen und auf eine gemeinsame Wahrheit einigen kann.

In der Summe und in ihrem Zusammenspiel, zielen diese vier Geltungsansprüche, die wir in jedem Gespräch automatisch erheben, letztlich auf die Herbeiführung eines ‚Einverständnisses' ab. Denn, so Habermas:

> Ziel der Verständigung ist die Herbeiführung eines *Einverständnisses*, welches in einer intersubjektiven Gemeinsamkeit des wechselseitigen Verstehens, des geteilten Wissens, des gegenseitigen Vertrauens und

Der Kerngedanke von Habermas

> des miteinander Übereinstimmens terminiert. Einverständnis ruht auf der Basis der Anerkennung der vier korrespondierenden Geltungsansprüche: Verständlichkeit, Wahrheit, Wahrhaftigkeit, und Richtigkeit. [18]

Stimmt das? Hat Habermas Recht? Zielt wirklich jede „beliebige Sprechhandlung" auf der ganzen Welt auf „wechselseitiges Verstehen, geteiltes Wissen, gegenseitiges Vertrauen und Übereinstimmung" ab? Stellt also tatsächlich jeder Mensch, der zu sprechen beginnt vier und zwar genau diese vier universalen Geltungsansprüche?

„Fahr ich oder fährst du?"
Die vier Geltungsansprüche im Alltag

Die Entdeckung von Habermas ist zweifellos spannend und provokativ zugleich. Um sie zu überprüfen, habe ich die Teilnehmer eines philosophischen Seminars gebeten, irgendeinen Satz aus ihrem Alltag preiszugeben, den sie in einem echten Gespräch benutzt haben, um im Seminar zu analysieren, ob er tatsächlich die vier Geltungsansprüche von Habermas enthält.

Es kam eine Reihe von Vorschlägen. Dann meldete sich eine Studentin mit einem hintergründigen Lächeln und meinte, sie habe gestern auf einer Autofahrt zu ihrem Freund den altbekannten Satz gesagt: „Fahr ich oder fährst du?" Die Reaktion im Hörsaal war allgemeines Gelächter, da es sich um einen doppelbödigen Satz handelte, der eher konfrontativ und ironisch ist, als dass er die Theorie von Habermas bestätigen würde, wonach alles auf Verständigung abzielt. Zudem ist der Satz ein bekannter Klassiker, der schon in den 80er Jahren in dem Ratgeber-Buch ‚Miteinander reden, Störungen und Klärungen' des Psychologen Schulz von Thun als Beispiel für konfliktgeladene Kommunikation angeführt wurde.

Schnell waren sich alle einig, genau diesen Satz zu analysieren. Denn wenn Habermas Recht hat, werden die universalen Geltungsansprüche ja prinzipiell ‚in jeder beliebigen Sprechhandlung' wirksam. Als erstes haben wir die vier Geltungsansprüche nochmal groß an die Tafel geschrieben:

- sich verständlich *auszudrücken*
- *etwas* zu verstehen zu geben,
- *sich* dabei verständlich zu machen,
- und sich *miteinander* zu verständigen. [19]

Der erste Geltungsanspruch, ‚sich verständlich *auszudrücken*', war unproblematisch. Wir mussten Habermas zugestehen, dass dieser Anspruch in dem Satz „Fahr ich oder fährst du?" eindeutig erhoben wurde. Die Studentin meinte sogar, dass sie sich besonders deutlich *ausgedrückt* habe. Sie habe die Frage so laut und eindringlich formuliert, dass ihr Freund sie kaum missverstehen oder überhören konnte. Sie stellte also ohne jeden Zweifel den ersten der vier Geltungsansprüche von Habermas, sich verständlich *auszudrücken*.

Als nächstes wurde der zweite Geltungsanspruch, ‚*etwas* zu verstehen zu geben', diskutiert. Hat die Studentin, wie Habermas behaupten würde, den Geltungsanspruch gestellt, ihrem Freund *etwas* auf der Inhaltsebene zu verstehen zu geben und wenn ja – was eigentlich? Der Inhalt des Satzes ist ja auf den ersten Blick doppelbödig. Auf der reinen Wortebene stellt die Fahrerin ihrem Freund die Frage, ob sie am Steuer sitzt oder er. Und er wird, da er ja nur Beifahrer ist, antworten müssen, dass sie es ist, die fährt.

Die Seminarteilnehmer kamen aber schnell überein, dass der eigentliche Inhalt darüber hinausgeht und darin besteht, dass sie ihrem Freund zu verstehen gibt, dass er ihr beim Fahren nicht mehr dreinreden darf und sich mit Kommentaren und Anweisungen zurückhalten muss. Es ging der Kommilitonin inhaltlich darum, dass ihr Freund sich seines Fehlverhaltens bewusst wird. Indem er die ohnehin rein rhetorische Frage „Fahr ich oder fährst du?" innerlich mit „Du" beantworten muss, versteht er, was von ihm gewünscht wird. Er muss sich in Erinnerung rufen, dass er als Beifahrer nicht das Recht hat, die Entscheidungen und den Fahrstil der Wagenlenkerin besserwisserisch zu kritisieren oder zu kommentieren, da das die Fahrerin nervös macht. Der zweite von Habermas entdeckte Geltungsanspruch, etwas zu verstehen zu geben, wurde also zweifellos erhoben und die Studentin meinte abschließend zu diesem Punkt: „Er hat inhaltlich verdammt gut verstanden, *was* ich wollte".

Und auch der dritte Geltungsanspruch, *sich* selbst dabei verständlich zu machen, wurde, wie alle Seminarteilnehmer bestätigten, voll und ganz eingelöst, sogar in besonders eindringlicher Weise. Die Studentin hat *sich* als Person sehr authentisch eingebracht und es bestand keinerlei Zweifel, dass die Aufforderung, endlich in Ruhe gelassen zu werden, ihr ein wichtiges und aufrichtiges Anliegen war. Die Wahrhaftigkeit und Authentizität ihrer Aussage war gegeben. Die Studentin selbst meinte, dass sein betretenes Schweigen auf die Frage ‚Fahr ich oder fährst du?' ein sicheres Indiz dafür gewesen sei, dass er nachgedacht hat, um ja nichts Falsches zu sagen oder noch Öl ins Feuer zu gießen. Er spürte nämlich ganz genau, dass sie es ‚*ernst*' meint und bereits im ‚roten Bereich' ist.

Bleibt nur noch der vierte Geltungsanspruch, sich *miteinander* zu verständigen. Darüber wurde im Seminar am längsten diskutiert. Es gab nämlich die Meinung eines Teilnehmers, dass der vierte universale Geltungsanspruch von Habermas in diesem Sprechakt nicht vorkommt, nicht erhoben wurde und Habermas somit generell auf dem Holzweg sei. Denn die Studentin hätte mit der rhetorischen Frage „Fahr ich oder fährst du?" nicht beabsichtigt, dass man sich *miteinander* austauscht oder *miteinander* auf etwas einigt, sondern ihrem Freund lediglich die diktatorische Anweisung gegeben, den Mund zu halten. Es sei somit ein Befehl gewesen, der keinerlei Intersubjektivität mehr zulässt. Die Studentin hätte in einem Akt monologisch egozentrischer Machtausübung ihrem Freund befohlen, zu schweigen, wie es eben in Beziehungen sehr oft vorkommt, wenn den Frauen irgendetwas nicht passt oder sie einmal in ihrem Leben einen Hauch von Kritik einstecken müssen.

Wieder gab es Gelächter im Hörsaal, aber die These war nicht uninteressant. Denn laut Habermas zielt der vierte Geltungsanspruch des „sich *miteinander* verständigen Wollens" tatsächlich auf die „Gemeinsamkeit des *miteinander* Übereinstimmens" und keinesfalls auf eine diktatorisch erzwungene Zustimmung ab.

Doch dann erfuhr die Diskussion eine erneute Wende. Eine engagierte Teilnehmerin ergriff das Wort und entgegnete: „Was der Kommilitone eben gesagt hat, ist natürlich Unsinn und entspringt einer verkürzten männlichen Perspektive. Die Frage ‚Fahr ich oder fährst du?' war alles andere als ein egoistischer diktatorischer Befehl. Im Gegenteil, es war bei aller Eindringlichkeit immer noch eine Frage." Ihr Freund hätte sehr wohl zustimmen oder ablehnen können. Wenn er beispielsweise geantwortet hätte, dass er nicht übergriffig sein wollte, er ihren Fahrtstil sehr schätze, aber lediglich einige Tipps geben wolle, weil sie sich vielleicht in der Gegend nicht so gut auskennt oder weil sie vielleicht als Fahranfängerin noch etwas von seiner Erfahrung profitieren könnte, wäre durchaus ein Diskurs und Austausch von Argumenten möglich gewesen. Und selbst wenn keine Diskussion mehr stattgefunden hätte und ihr Freund einfach nur gesagt hätte, dass es ihm Leid tut und er sich ab jetzt zurückhält, wäre dies ja auch eine diskursive Verständigung im Sinne von Habermas gewesen.

Es liege somit trotz der rhetorischen Frage zweifellos ein echtes Gesprächsangebot vor und es sei ja wohl auch klar, dass die Freundin von ihrem Freund eine aufrichtige Anerkennung ihrer Rolle als Fahrerin erwarten dürfe und nicht nur ein geheucheltes ‚ist gut Schatz'. Auch wenn der Beifahrer vielleicht nur schweigt oder, was Männer in solchen Situationen ja gerne machen, versucht, sich mit einem blöden Witz aus der Affäre zu ziehen, bleibe die Tatsache bestehen, dass die Fahrerin sich mit ihrem Freund auf eine echte Anerkennung ihrer Rolle als Fahrerin einigen wollte. Schließlich würde sie diesen Respekt ja auch ihm entgegenbringen, wenn er am Steuer sitze. So gesehen sei der vierte Geltungsanspruch im Sinne von Habermas sehr wohl erhoben worden. Sie hat eindeutig den Geltungsanspruch gestellt, sich mit ihrem Freund gemeinsam darauf zu verständigen, dass der jeweilige Fahrer einen Gestaltungsspielraum hinsichtlich Fahrstil und Verkehrsbeurteilung hat, der gegenseitig respektiert werden muss.

Daraufhin wurde die Studentin befragt, wie die Fahrt denn in Wirklichkeit weitergegangen ist. Die angesprochene Fahrerin antwortete: „Er hat nach einer kurzen Bedenkzeit tatsächlich einen Witz gemacht und gesagt, dass er ja nur in den allerseltensten Fällen etwas sage, wenn es um unsere Sicherheit ginge. Ich habe ihm natürlich sofort gefragt, ob er sich bei mir nicht sicher fühle und ob er wisse, wie beleidigend das für mich sei. Daraufhin beteuerte er, es ginge ihm überhaupt nicht um seine Sicherheit, sondern nur um meine, weil er mich so liebe, aber er würde künftig aus demselben Grund auch versuchen, nichts mehr zu sagen, außer bei Rot oder so." „Und – hat er sich daran gehalten?", rief eine andere Teilnehmerin. „Ja, auf dieser Fahrt schon und ich glaube sogar, er wird sich bessern, obwohl er ein Büffel ist." Wieder wurde gelacht.

Aber das Ergebnis der Analyse war allen Seminarteilnehmern klar. Die Frage ‚Fahr ich oder fährst du?' enthält tatsächlich auch den vierten Geltungsanspruch von Habermas „sich *miteinander* verständigen" zu wollen. Fazit: Es werden tatsächlich, genau wie Habermas behauptet, auch in dem kleinen Alltagssatz ‚Fahr ich oder fährst du?' alle vier universalen Geltungsansprüche gestellt, mit dem Ziel ein Einverständnis herbeizuführen. Wir erinnern uns:

Ziel der Verständigung ist die Herbeiführung eines Einverständnisses, welches in einer intersubjektiven Gemeinsamkeit

- des wechselseitigen Verstehens,
- des geteilten Wissens,
- des gegenseitigen Vertrauens
- und des miteinander Übereinstimmens
terminiert. [20]

In dem kleinen Gespräch während der Autofahrt wurde tatsächlich ein solches Einverständnis herbeigeführt, wonach am Ende beide das Wissen um die verantwortliche Rolle des Fahrers teilen, sich vertrauen und darin übereinstimmen, den jeweils anderen bei seinen Fahrentscheidungen zu respektieren und nicht zu stören. Der Ausgang des Gespräches ist erfreulich und geht sogar noch ein Stück über das hinaus, was Habermas behauptet. Dieser geht nämlich gar nicht so weit, zu sagen, dass ‚jede beliebige Sprechhandlung' prinzipiell zu einem solchen Einverständnis führt oder führen muss. Er sagt lediglich, dass die Menschen mit ihren vier Geltungsansprüchen die Möglichkeit eines solchen Einverständnisses implizit voraussetzen, wenn sie zu sprechen beginnen. Ob sich das Einverständnis jedes Mal einstellt oder nicht, lässt er offen.

Tatsächlich ist die Entdeckung von Habermas wohl richtig, dass wir Menschen, wenn wir miteinander sprechen, in der Regel diese vier Geltungsansprüche stellen. Wie aber ist es mit dem Lügner? Der Lügner will sich zwar verständlich ausdrücken (1. Geltungsanspruch) und etwas zu verstehen geben (2. Geltungsanspruch). Allerdings verzerrt er die Geltungsansprüche drei und vier, sich verständlich zu machen und miteinander übereinzukommen, da er sich selbst und seine wahre Auffassung verschweigt und die anderen auch hinsichtlich der zu erzielenden Übereinkunft und Einigung auf eine ‚Wahrheit' hinters Licht führen will. Habermas gesteht dies zu, bemerkt aber zu Recht, dass die bewusste Lüge eine Ausnahme ist, welche die Regel bestätigt.

Aber was will uns Habermas mit diesen vier universalen Geltungsansprüchen eigentlich sagen? Sie mögen auf den ersten Blick ganz interessant sein, scheinen aber letztlich keine große philosophische Entdeckung zu sein. Doch das täuscht gewaltig. Die Tatsache nämlich, dass alle Menschen auf der ganzen Welt in jeder beliebigen Sprechhandlung diese vier, und zwar genau diese vier, Geltungsansprüche stellen, also nicht drei, nicht fünf, nicht sechs – nein genau diese vier, hat Auswirkungen von ungeheurer Tragweite.

Denn wenn tatsächlich, so schlussfolgert jetzt Habermas, alle Menschen weltweit erstens beim Sprechen die Ansprüche auf ‚Verständlichkeit, Wahrheit, Wahrhaftigkeit, Richtigkeit' erheben und wenn diese zweitens auf ein Einverständnis des ‚wechselseitigen Verstehens, geteiltem Wissens, gegenseitigen Vertrauens und dem miteinander Übereinstimmens' abzielen, dann ist in der Sprache tatsächlich eine Tendenz zu einer ‚Verständigung mit guten Gründen' angelegt. Und eine Verständigung mit guten Gründen ist nichts anderes als ‚Vernunft'. Habermas spricht deshalb von der „kommunikativen Rationalität" und dem „kommunikativen Handeln", das direkt aus der Gattungskompetenz der Sprache hervorgeht.

Die Vernunft als Ziel jeder sprachlichen Verständigung

Und damit sind wir in der Herzkammer oder auch im Epizentrum der philosophischen Entdeckung von Habermas. Er zeigt uns, dass die Menschheitsgeschichte seit Anbeginn der Zeit von einer kommunikativen Rationalität beziehungsweise der kommunikativen Vernunft durchdrungen ist. Es gibt seit jeher ein ‚Interesse an Mündigkeit' und ein Interesse an Verständigung. Und dieses Interesse, die Welt vernünftig zu gestalten, ist keinesfalls nur eine Idealisierung oder ein Wunschtraum:

> Das Interesse an Mündigkeit schwebt nicht bloß vor, es kann a priori eingesehen werden. Das, was uns aus Natur heraushebt, ist [...] die Sprache. Mit ihrer Struktur ist Mündigkeit für uns gesetzt. Mit dem ersten Satz ist die Intention eines allgemeinen und ungezwungenen Konsensus unmissverständlich ausgesprochen. [21]

Der Kerngedanke von Habermas

Die sprachliche Verständigung zielt also im Laufe der Menschheitsgeschichte auf einen ‚allgemeinen und ungezwungenen Konsens' ab, eine universale Übereinkunft unter den Menschen. Wie muss man sich das aber nun konkret vorstellen? Kommt es auf unserem Planeten in der Zukunft zu einer Weltgesellschaft, in der sich alle Menschen unabhängig von Nationalität, Kultur, Armut und Reichtum auf friedliche Regeln des Zusammenlebens verständigen? Entfaltet sich unsere kommunikative Rationalität im Laufe der Zeit immer weiter? Tatsächlich hat Habermas eine Vision, die in diese Richtung geht:

> Ich habe ein Gedankenmotiv und eine grundlegende Intuition [...] die Vorstellung also, dass man [...] Formen des Zusammenlebens findet, in der wirklich Autonomie und Abhängigkeit in ein befriedetes Verhältnis kommen [...]. Die Intuition [...] zielt auf die Erfahrungen einer unversehrten Intersubjektivität [...]. Diese Freundlichkeit schließt nicht etwa den Konflikt aus, sondern was sie meint, sind die humanen Formen, in denen man Konflikte überleben kann. [22]

In diesen drei Sätzen spiegeln sich der Kerngedanke und zugleich die emanzipatorische Botschaft von Habermas wider. Es geht ihm um die ‚unversehrte Intersubjektivität'. Diese ist zwar bei weitem noch nicht realisiert, aber als Ziel in der Sprache und der zwischenmenschlichen Kommunikation angelegt. Und das heißt, es geht mit der Entfaltung der Sprache im Laufe der Geschichte trotz aller Rückschläge langsam aufwärts. Wir können uns, so Habermas, von unserer animalischen Herkunft, unseren Aggressionen, ja sogar von Kriegen und der gegenseitigen Ausbeutung durch den Kapitalismus ein Stück weit befreien und ‚unsere Konflikte künftig in humanen Formen' austragen und lösen. Denn die Geschichte ist eben nicht nur die Wiederkehr des ewig Gleichen, wie es Nietzsche behauptet, sie ist auch nicht die zunehmende Entfremdung von der inneren und äußeren Natur, wie Horkheimer und Adorno befürchten. Nein - Habermas ist davon überzeugt, dass es im Lauf der Geschichte eine echte Chance für eine vernünftige Entwicklung der Menschheit gibt:

Ich meine zeigen zu können, dass eine Gattung, die ihr Leben in den Strukturen von sprachlicher

> Verständigung [...] erhalten muss, wesentlich auf Vernunft angewiesen ist. In den Geltungsansprüchen, an denen wir uns im kommunikativen Handeln, wie implizit auch immer, orientieren müssen, ist ein hartnäckiger, wenn auch immer wieder unterdrückter Vernunftanspruch angelegt. [23]

Dieser hartnäckige Vernunftanspruch kann zur Entfaltung rationaler Konfliktlösungen auf der ganzen Welt führen. Allerdings ist die Entfaltung der kommunikativen Vernunft alles andere als ein Selbstläufer. Habermas fordert uns zumindest implizit dazu auf, überall, wo es möglich ist, zu vernünftigen Problemlösungen beizutragen, indem wir uns im Diskurs mit anderen verständigen. Eine solche Verständigung ist zwar, wie wir wissen, in den vier Geltungsansprüchen hypothetisch bereits angelegt, wir können aber zu ihrer faktischen Verwirklichung noch etwas beitragen. Wir sollten uns darauf einlassen, mit anderen Menschen offen, vertrauensvoll und vor allem gewaltfrei zu kommunizieren. Ein Modell beziehungsweise Vorbild dafür ist der sogenannte ‚herrschaftsfreie Diskurs'.

Der herrschaftsfreie Diskurs und die Diskursethik

Sein Postulat des ‚herrschaftsfreien Diskurses' hat Habermas auf der ganzen Welt bekannt gemacht und wird wohl immer mit seinem Namen verbunden bleiben. Es ist zweifellos das Herzstück seiner Philosophie. Denn diese zwei Worte verkörpern einerseits seinen kritisch emanzipatorischen, andererseits seinen gattungsgeschichtlich sprachpragmatischen Impuls. Sie sind ein Stachel im Fleisch jeder diktatorischen, undemokratischen und autoritären Organisationsform, sei es der einer Gesellschaft, einer Partei, einer Organisation oder einer Familie.

Wenn beispielsweise ein Vater seinem heranwachsenden Sohn einen Wunsch mit der Begründung abschlägt: „Solange du deine Füße unter meinen Tisch streckst, hast du zu tun, was ich dir sage, ist das klar?", dann ist diese Art von Verständigung kein herrschaftsfreier Diskurs, sondern autoritäre Machtausübung und führt daher auch zu keinem echtem oder wie Habermas sagen würde ‚ungezwungenen Konsens'. Aber genau auf diesen ungezwungenen Konsens kommt es an. Wir sollten, so Habermas, im Idealfall und wo immer dies möglich ist, „in einem feldunabhängigen Stil der Wahrnehmung dem zwanglosen Zwang des besseren Argumentes" vertrauen und nicht der Machtausübung.

Seine ethische Forderung nach dem herrschaftsfreien Diskurs schließt er logisch konsequent an die vier Geltungsansprüche an. Wir können nämlich in einem Gespräch nur dann unsere a priorischen vier Ansprüche auf ‚Verständlichkeit, Wahrheit, Wahrhaftigkeit und Richtigkeit' lebendig einlösen, wenn wir das Gespräch angstfrei und unabhängig von Macht, Rang und Ansehen führen. Dafür aber müssen ein paar Voraussetzungen stimmen. So stellt Habermas als erstes ganz nüchtern fest:

Ideale Sprechsituationen müssen [...] Bedingungen erfüllen [...].²⁴

Er definiert nun vier hypothetische Bedingungen, die eine Verständigung im herrschaftsfreien Diskurs gewährleisten, damit alle Gesprächsteilnehmer ihre Geltungsansprüche auch verwirklichen können. Die erste Bedingung besteht schon mal darin, dass die Sprecher ihr übliches Macht- und Statusdenken hinter sich lassen oder, was natürlich noch viel besser ist, sich ohnehin schon auf derselben Ebene mit den anderen befinden, so dass alle entspannt auf Augenhöhe diskutieren können:

> Zum Diskurs sind nur Sprecher zugelassen, die als Handelnde die gleiche Chance haben, regulative Sprechakte zu verwenden, d.h. zu befehlen und sich zu widersetzen, zu erlauben und zu verbieten, Versprechen zu geben und abzunehmen, Rechenschaft abzulegen und zu verlangen usf. [25]

Die Gesprächsteilnehmer müssen idealerweise völlig gleichberechtigt sein, also nicht nur bezüglich ihrer Machtposition, sondern auch hinsichtlich ihrer Fähigkeiten, sich sprachlich zu äußern und verständlich zu machen. Wäre dies nämlich nicht so, dann hätte unter Umständen ein redegewandter Gesprächsteil-

Der Kerngedanke von Habermas

nehmer viel bessere Möglichkeiten, seine Bedürfnisse erfolgreich zu kommunizieren und einzulösen:

Alle potentiellen Teilnehmer eines Diskurses müssen die gleiche Chance haben, kommunikative Sprechakte zu verwenden, so dass sie jederzeit Diskurse eröffnen sowie durch Rede und Gegenrede, Frage und Antwort perpetuieren können. [26]

Eine weitere notwendige Bedingung für einen idealen herrschaftsfreien Diskurs, bei dem nur das bessere Argument zählt, ist die gleiche Fähigkeit aller Teilnehmer, die Argumente, die sie in das Gespräch einbringen, begründen und rational untermauern zu können, sowie umgekehrt die Fähigkeit, die Argumente und Begründungen der anderen beurteilen, kritisieren und notfalls widerlegen zu können:

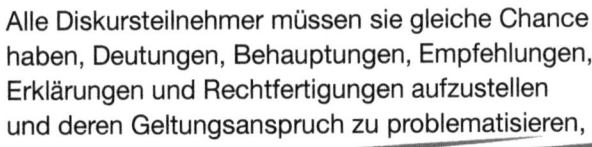

Alle Diskursteilnehmer müssen sie gleiche Chance haben, Deutungen, Behauptungen, Empfehlungen, Erklärungen und Rechtfertigungen aufzustellen und deren Geltungsanspruch zu problematisieren, zu begründen oder zu widerlegen, so dass keine Vormeinung auf Dauer der Thematisierung und der Kritik entzogen bleibt. [27]

Als vierte und letzte Voraussetzung für den herrschaftsfreien Diskurs beziehungsweise die ideale Sprechsituation sollte auch noch bei allen Teilnehmern die gleiche Fähigkeit vorhanden sein, ihre emotionalen Befindlichkeiten, die Dringlichkeit ihrer Wünsche, also Gefühle, Ängste, Träume, etc. ergreifend und nachvollziehbar in das Gespräch einzubringen:

Der Kerngedanke von Habermas

> Zum Diskurs sind nur Sprecher zugelassen, die als Handelnde die gleiche Chance haben, repräsentative Sprechakte zu verwenden, d.h. ihre Einstellungen, Gefühle und Intentionen zum Ausdruck zu bringen. [28]

Zusammenfassend kann man sagen, dass der herrschaftsfreie Diskurs eine ideale Gesprächssituation darstellt, die man vielleicht in dieser Reinform selten oder gar nicht antreffen wird, an der man aber die Qualität eines Diskurses und somit auch den Emanzipationsgrad einer Familie, einer sozialen Gruppe oder einer ganzen Gesellschaft ablesen und bewerten kann. Man muss nur das reale Gespräch oder die reale gesellschaftliche Entscheidungsfindung mit der ‚idealen Sprechsituation' vergleichen. Sind beispielsweise in einer Familie, einer Gruppe, einer Organisation oder einer Gesellschaft die Kommunikationspartner gleichberechtigt? Haben alle die gleichen Möglichkeiten sich zu äußern? Ist die Kommunikation symmetrisch? Erfolgt die Entscheidungsfindung durch den ‚zwanglosen Zwang des besseren Argumentes' oder durch Macht und Gewalt? Wie weit nähern sich die Teilnehmer der idealen Sprechsituation und wo bleiben sie vielleicht weit dahinter zurück?

Habermas selbst erklärt uns noch einmal eindringlich, warum die ideale Sprechsituation so wichtig ist, auch wenn sie in ihrer Reinform empirisch nicht vorkommt:

Die ideale Sprechsituation ist weder ein empirisches Phänomen noch bloß Konstrukt, sondern eine in Diskursen unvermeidliche reziprok vorgenommene Unterstellung. Diese Unterstellung [...] ist [...] eine im Kommunikationsvorgang operativ wirksame Fiktion. [29]

Was heißt das? Was ist eine ‚operativ wirksame Fiktion'? Das scheint auf den ersten Blick ein Selbstwiderspruch zu sein. Denn entweder ist etwas eine Fiktion, also eine reine Erfindung, die es gar nicht gibt oder sie ist „operativ wirksam", aber doch nicht beides zugleich? Wie kann etwas, was es gar nicht gibt, operativ wirksam sein und was will uns Habermas mit dieser Formulierung sagen? Er will damit zweierlei zum Ausdruck bringen. Erstens sagt er damit, dass die ideale Sprechsituation mit ihren vier Bedingungen zwar in den Alltagsgesprächen eine Fiktion ist, also eine Erfindung, etwas Ausgedachtes, das so tatsächlich noch nicht vorkommt, dass aber wir Menschen zugleich in allen Gesprächen unterstellen, dass wir diese ideale Sprechsituation sehr wohl erreichen könnten. Sie schwebt uns beim Reden immer vor, ob wir wollen oder nicht. Und deshalb ist diese auf der ganzen Welt anzutreffende Erwartungshaltung der Menschen doch irgendwie wirksam und beeinflusst das Gespräch positiv im Hinblick auf eine mögliche Verständigung.

Zweitens erhebt Habermas damit aber auch den philosophisch methodischen Anspruch, dass seine Diskursethik nicht einfach nur eine idealistische Setzung darstellt, also ein aus der Luft gegriffenes Idealbild oder bloßes Konstrukt, sondern eine strukturelle Vorgabe der Sprache, die sich universalpragmatisch nachweisen lässt:

> Es gehört zur Struktur möglicher Rede, dass wir im Vollzug der Sprechakte kontrafaktisch so tun, als sei die ideale Sprechsituation nicht bloß fiktiv, sondern wirklich [...]. [30]

Ethik kommt aus dem Griechischen und bedeutet ‚sittliches Handeln' oder ‚Handlungsorientierung am moralisch Guten'. Als Ergebnis kann man jetzt festhalten, dass Habermas mit seiner ‚Diskursethik' und seiner ‚idealen Sprechsituation' keine inhaltlich konkreten moralischen Vorgaben macht. Er sagt zum Beispiel nicht, ‚du sollst nicht stehlen' oder ‚du sollst Vater und Mutter ehren' usw., sondern er hat genau wie der Philosoph Immanuel Kant ein formales Verfahrensprinzip entwickelt, das uns hilft, gute moralische Entscheidungen zu treffen. Bei Kant war das ethische Handeln durch den berühmten kategorischen Imperativ definiert. Du sollst so handeln, dass du wollen kannst, dass die Maxime deines Handelns, also der Grundsatz, auf dem dein Handeln fußt, auch als Grundsatz für das Handeln aller anderen Menschen taugt und deshalb auch umgesetzt werden kann. Dein eigener Handlungsgrundsatz sollte im

Idealfall so perfekt sein, dass man ihn sogar zum allgemeinen Gesetz erheben könnte. Kant formuliert das so: „Handle nur nach derjenigen Maxime, durch die du zugleich wollen kannst, dass sie allgemeines Gesetz werde." [31]

Habermas hat nun diesem kategorischen Imperativ noch etwas, aus seiner Sicht ganz Entscheidendes, hinzugefügt, nämlich den ‚herrschaftsfreien Diskurs'. Unter dem Sprachparadigma und den Vorgaben seiner Diskursethik müsste der kategorische Imperativ von Kant erweitert werden und künftig folgendermaßen lauten: Du sollst das, was du für eine gute Maxime und Handlungsorientierung hältst und wovon du wollen kannst, dass auch andere sich danach richten mit diesen anderen vorher besprechen und dich diskursiv auf eine gemeinsame Maxime einigen. Deshalb fordert Habermas:

> Statt allen anderen eine Maxime, von der ich will, dass sie ein allgemeines Gesetz sei, als gültig vorzuschreiben, muss ich meine Maxime zum Zweck der diskursiven Prüfung ihres Universalitätsanspruchs allen anderen vorlegen. [32]

Am besten wäre es im Sinne der Diskursethik, wenn sich alle von einem künftigen Gesetz betroffenen Bürger vorher diskursiv auf den Wortlaut des Gesetzes verständigen und einigen. Die Diskursethik von Habermas versucht somit den kategorischen Imperativ als oberstes Sittengesetz noch um die Dimension der Intersubjektivität zu erweitern:

> Das Gewicht verschiebt sich von dem, was jeder (einzelne) ohne Widerspruch als allgemeines Gesetz wollen kann, auf das, was alle in Übereinstimmung als universale Norm anerkennen wollen. [33]

Der Kern der Ethik von Habermas ist somit die Verwirklichung des herrschaftsfreien Diskurses und der Intersubjektivität als Garant für moralische Entscheidungen.

Die Entwicklung der Menschheit unter dem Sprachparadigma

Zu Beginn seines Hauptwerkes, der ‚Theorie des kommunikativen Handelns', fordert Habermas ein radikales Umdenken. Er spricht sogar von einem ‚Paradigmenwechsel' in der Betrachtung der Weltgeschichte und der Entwicklung der Vernunft.

Paradigma kommt aus dem Griechischen und heißt ‚Muster'. Wenn man nun das Sprachparadigma, also das Muster der Sprache, zu Grunde legt und die, aus der Sprache sich entwickelnde, kommunikative Rationalität berücksichtigt, dann muss man die Weltgeschichte ganz neu betrachten.

Seine Lehrer Adorno und Horkheimer und zuvor schon Marx hätten als ‚Muster' beziehungsweise als Paradigma immer nur die instrumentelle Vernunft und das instrumentelle Handeln in der Geschichte analysiert, also die Art und Weise, wie die Menschen seit der Urzeit versucht haben, zu überleben, die Natur mit immer besserer Technik und neuen Produktionsmethoden verfügbar zu machen und instrumentelle Ziele zu erreichen. Doch das ist zu einseitig. Habermas will eine neue Ausrichtung:

Nicht mehr Erkenntnis und Verfügbarmachung einer objektivierten Natur sind, für sich genommen, das explikationsbedürftige Phänomen, sondern die Intersubjektivität möglicher Verständigung [...]. Der Fokus der Untersuchung verschiebt sich damit von der kognitiv-instrumentellen zur kommunikativen Rationalität. Für diese ist nicht die Beziehung des einsamen Subjekts zu etwas in der objektiven Welt, das vorgestellt und manipuliert werden kann, paradigmatisch, sondern die intersubjektive Beziehung, die sprach- und handlungsfähige Subjekte aufnehmen, wenn sie sich miteinander über etwas verständigen. [34]

In diesem kleinen Text bringt Habermas seinen neuen philosophischen Ansatz auf den Punkt. Er will nicht mehr nur, wie Marx und die Urväter der kritischen Theorie, Adorno und Horkheimer, es taten, den Vormarsch der Technik, der Instrumentellen Vernunft und der Manipulation durch den Kapitalismus thematisieren, sondern auch die gleichzeitige positive Entwicklung der Intersubjektivität, also der zwischenmenschlichen Kommunikation. Es sei jetzt wichtig, endlich die zweite wesentliche Handlungsmöglichkeit der Menschheit zu erforschen, die bisher im Dunkeln blieb:

Das bedeutet [...] einen Paradigmenwechsel in der Handlungstheorie: vom zielgerichteten zum kommunikativen Handeln [...]. 35

Es gilt, so Habermas, das kommunikative Handeln und die kommunikative Vernunft zu verstehen und deren Möglichkeiten auszuloten. Und diese Möglichkeiten sind keinesfalls gering. Denn die in die Sprache eingelassenen Geltungsansprüche und der darin aufscheinende Vernunftanspruch können sogar zur Verwirklichung einer Utopie führen: Der Utopie von einer ungezwungenen Intersubjektivität, die vielleicht am Ende eine zwanglose Verständigung der Menschen auf der ganzen Welt ermöglicht:

> Die Strukturen einer Vernunft [...] werden der Analyse erst zugänglich, wenn die Ideen der Versöhnung und der Freiheit als Chiffren für eine wie auch immer utopische Form der Intersubjektivität (entziffert werden), die eine zwanglose Verständigung der Individuen im Umgang miteinander ebenso ermöglicht wie die Identität eines sich zwanglos mit sich selbst verständigenden Individuums – Vergesellschaftung ohne Repression. [36]

Die Entfaltung der kommunikativen Vernunft oder wie Habermas sagt, der kommunikativen Rationalität ist letztlich keine Utopie. Sie ist in der Geschichte erkennbar und kann zu einer befriedeten Welt führen. In einer solchen Welt sind wir zwar durch diskursiv vereinbarte Gesetze und Regeln eng mit den anderen verbunden. Wir empfinden dies aber nicht mehr als Zwang, sondern als:

Der Kerngedanke von Habermas

[...] Vergesellschaftung ohne Repression. [37]

Und eben diese Entwicklung zu einer gelingenden Vergesellschaftung ist, wie bereits zitiert, in der Sprache angelegt:

Mit ihrer Struktur ist Mündigkeit für uns gesetzt. Mit dem ersten Satz ist die Intention eines allgemeinen und ungezwungenen Konsensus unmissverständlich ausgesprochen. [38]

Wenn aber Mündigkeit und kommunikative Rationalität ‚für uns gesetzt sind' und wenn zweitens die Intention eines ungezwungenen Konsensus in der

Sprache angelegt ist, muss man die Frage stellen, warum sich die kommunikative Rationalität im Laufe der Geschichte nicht stärker entfaltet hat? Warum gibt es immer noch Kriege? Warum praktizieren die Individuen und die verschiedenen Nationen untereinander so selten den herrschaftsfreien Diskurs und warum finden wir anstelle des zwanglosen Konsensus immer noch in vielen Bereichen Repression und Ausbeutung? Auch Habermas hat sich diese Frage gestellt.

Kommunikative gegen instrumentelle Vernunft

Es gibt in der Geschichte, so Habermas, leider auch eine gegenläufige Kraftentfaltung, die der kommunikativen Vernunft im Wege steht. Diese gegenläufige Kraftentfaltung ist nicht etwa der Teufel oder ein böser Geist, sondern schlicht und einfach die, dem Menschen seit jeher zukommende, instrumentelle Vernunft. Das heißt im Klartext, wir machen oft nicht das, was wir im Gespräch mit den anderen kommunikativ als richtig erkennen, sondern das, was uns persönlich gerade am nützlichsten und praktikabelsten erscheint.

Der Kerngedanke von Habermas

Habermas unterscheidet bereits in seinem Frühwerk ‚Theorie und Praxis' zwei grundsätzlich verschiedene Handlungsarten der Menschen, nämlich das kommunikative Handeln auf der einen und das strategische bzw. instrumentelle Handeln auf der anderen Seite:

> Soweit unsere Handlungen von den technisch fortschreitenden Systemen geregelt werden, entspringen sie dem Muster instrumentalen oder strategischen Handelns [...] [39]

Worin besteht der große Unterschied zwischen instrumentalem Handeln und kommunikativem Handeln? Im familiären Alltag mit Freunden und Bekannten regiert zum Beispiel das kommunikative Handeln. Es gibt in der Regel einen sehr lebendigen sprachlichen Austausch. Man diskutiert und einigt sich schließlich auf etwas, was man gemeinsam tun will oder man vereinbart auch mal Regeln des Zusammenlebens. Man bespricht beispielsweise, wer wann abspült, die Wäsche wäscht, staubsaugt, den Müll wegbringt, wann man zusammen in den Urlaub fährt, wohin man fährt, wo man also etwas zusammen macht, sich hilft oder die Arbeit aufteilt. Die ‚Lebenswelt', wie Habermas diesen Bereich nennt, ist somit seit jeher vom kommunikativen Handeln geprägt:

> Die Lebenswelt ist gleichsam der transzendentale Ort, an dem sich Sprecher und Hörer begegnen; wo sie reziprok den Anspruch erheben können, dass ihre Äußerungen mit der Welt (der objektiven, der sozialen oder der subjektiven Welt) zusammenpassen; und wo sie diese Geltungsansprüche kritisieren und bestätigen, ihren Dissens austragen und Einverständnis erzielen können. [40]

Habermas beschreibt die Lebenswelt zunächst mal als Ort, an dem „sich Sprecher und Hörer", also die Menschen „begegnen". Dann definiert er die Lebenswelt sehr umfassend, aber wieder einmal etwas ab-

Der Kerngedanke von Habermas

strakt als „Ort", ‚wo sie „reziprok", also gegenseitig, den Anspruch erheben können, dass ihre persönlichen Einschätzungen auch tatsächlich mit der Welt der „objektiven, der sozialen oder der subjektiven Welt zusammenpassen". Damit meint er lediglich, dass wir uns beispielsweise in der Familie oder mit Freunden, gegenseitig vergewissern können, ob das, was wir über die Welt, über uns selbst, unsere Wünsche, Sorgen und Ängste denken und fühlen, auch von den anderen so empfunden wird oder ob wir vielleicht auf dem Holzweg sind.

Erst im Gespräch mit den anderen erfahren wir, so Habermas, ob wir von uns und der Welt ein richtiges oder vielleicht verzerrtes oder falsches Bild haben. Dabei kommt es auch öfter mal zu einem ‚Dissens' mit unterschiedlichen und sich widersprechenden Standpunkten. Manchmal fühlt man sich nach einem Gespräch in seiner Meinung bestätigt, manchmal ist man sauer oder muss man umdenken und manchmal kommt man zu einer neuen gemeinsamen Einschätzung. Alles ist möglich, aber in jedem Fall erlaubt uns erst die lebendige Begegnung in der Lebenswelt, ein Gefühl für die Wirklichkeit zu bekommen.

Wenn Habermas davon spricht, dass in der Lebenswelt ‚Geltungsansprüche kritisiert, bestätigt, Dissens ausgetragen, Einverständnis erzielt werden kann', dann bedeutet das schlicht und einfach, dass wir in der Lebenswelt sein dürfen wie wir sind und reden, wie uns der Schnabel gewachsen ist. Wir können uns mit den anderen vertrauensvoll auseinandersetzen, wir können uns streiten, versöhnen oder auch auf eine gemeinsame Einschätzung verständigen.

Ich erinnere mich noch gut, als meine Freundin und ich, beide berufstätig, unsere drei schulpflichtigen heranwachsenden Jungs für mehr Mitarbeit im Haushalt gewinnen wollten. Wir saßen am Tisch und sprachen mit ihnen über ein künftiges System der gerechten Verteilung von Haushaltsleistungen in der Familie. Es ging um triviale Dinge wie das Geschirr abräumen, in die Spülmaschine stellen, Töpfe und Pfannen abspülen, staubsaugen, Müll raustragen, etc. Es war ein leidenschaftlicher Diskurs, in dem die Jungs zuerst die Begrenztheit ihrer diesbezüglichen Möglichkeiten oder gar die prinzipielle Unmöglichkeit einer Mithilfe argumentativ eindrucksvoll mit der üblichen pubertären Übertreibung darlegten. Unter anderem würden ihre schulischen Leistungen leiden, wenn nicht sogar das gesellschaftliche Scheitern zu befürchten sei. In anderen Familien würden die Kinder komplett von Haushaltsleistungen freigestellt, weshalb die jetzt gewünschte Beteiligung an Haushaltsleistungen eine Benachteiligung ihrer Lebensqualität gegenüber anderen bedeute. Aber es gab von Anfang an auch Verständnis und Konsens über die Berechtigung der subjektiven Geltungsansprüche von meiner Freundin und mir, nach Feierabend und acht Stunden Arbeit nicht prinzipiell den gesamten Haushalt vom Einkaufen, Kochen über Geschirr abspülen, Müll entsorgen und Wäsche waschen allein für alle fünf bewältigen zu müssen.

Am Ende kamen wir zu einer Übereinkunft, die alle mitgetragen haben. So hat jeder der drei Jungs an einem definierten Wochentag das Geschirr der Familie in die Spülmaschine geräumt und die Kochtöpfe und Pfannen gereinigt, was einen Gemeinwohlbeitrag von einer Stunde pro Woche bedeutete. Meine Freundin und ich haben ebenfalls je einen Wochentag und zusätzlich das Wochenende übernommen. Staubsaugen in den Zimmern und Müll entsorgen war Sache jedes einzelnen, in den Familienräumen weiterhin Aufgabe von meiner Freundin und mir. Gut, es war vielleicht eine Regelung mit leichter Schieflage, aber es war doch ein echter Konsens.

Im Beruf und der Wirtschaft sind solche diskursiven Lösungen eher selten. Hier dominiert nach Habermas das instrumentelle, strategische bzw. zweckrationale Handeln, das in aller Regel keine Diskurse zulässt. Hier geht es darum, schnell und effizient zu produzieren, die Konkurrenz abzuhängen und kostensparend die gesetzten Ziele und Zwecke zu erreichen. Eine strategische Handlung gilt dann als gut und richtig, wenn sie sich empirisch, also in der Praxis, bewährt. Trotz des in der Industrie bisweilen propagierten ‚Teamworks' gibt es streng hierarchische Entscheidungsstrukturen und verantwortliche Entscheider. Und selbst diese haben meist nur geringe Spielräume, da sie sich an die Imperative der Produktion, des Marketings und des Verkaufs halten müssen. Diese strategisch technischen Entscheidungen der Wirtschaft sind grundsätzlich verschieden von den intersubjektiv getroffenen Übereinkünften der Lebenswelt:

> Während die Geltung technischer Regeln und Strategien von der Gültigkeit empirisch wahrer oder analytisch richtiger Sätze abhängt, ist die

> Geltung gesellschaftlicher Normen allein in der Intersubjektivität der Verständigung über Intentionen begründet und durch die allgemeine Anerkennung [...] gesichert. [41]

Dieser Unterschied zwischen technisch instrumentellem Denken in der Systemwelt und dem kommunikativen Denken in der Lebenswelt, das auf allgemeiner Anerkennung und Vereinbarung von Normen beruht, hat eine historische Dimension. Es gibt diese Zweiteilung nämlich bereits zu Beginn der Menschheitsgeschichte: zum einen das kommunikative Handeln, zum anderen das instrumentelle beziehungsweise zweckrationale Handeln. Diese beiden Handlungs- und Denkweisen sind, so Habermas, gleich ursprünglich und prägen die Menschheit bis auf den heutigen Tag.

In seiner viel beachteten Antrittsvorlesung mit dem Thema ‚Erkenntnis und Interesse' an der Universität Frankfurt erklärt Habermas seinen Studentinnen und Studenten erstmals, dass die Menschheitsgeschichte auf der gleichzeitigen Entfaltung der kommunikativen und der instrumentellen Vernunft beruht. Es wurden nicht nur seit jeher Verhaltensregeln, Bräuche und Tabus vereinbart, es ging auch um die ‚Naturaneignung' mit dem Erkenntnisinteresse der ‚Verfügbarmachung'.

Was heißt ‚Naturaneignung' und ‚Verfügbarmachung'? Habermas meint damit, dass die Menschen, um zu überleben, essen und trinken mussten und das zweckrationale Erkenntnisinteresse hatten, dies so effizient wie möglich zu tun. Sie stellten sich die instrumentell vernünftige Frage, wie sie am erfolgreichsten jagen, Äcker und Felder bebauen, Viehzucht betreiben und am komfortabelsten und sichersten wohnen und überleben können. Da sie dazu aber auch miteinander gesprochen und sich ausgetauscht haben, ist gleichursprünglich das kommunikative Handeln und kommunikative Erkenntnisinteresse entstanden. Diese zwei Formen des Erkenntnisinteresses, des technischen einerseits und des sprachlichen andererseits, sind gemäß Habermas nicht biologisch angeboren, ergeben sich aber unmittelbar aus den Lebensumständen, welche die ersten Menschen vorgefunden haben und unter denen sie überleben mussten:

> Die Erkenntnisinteressen [...] ergeben sich aus Imperativen der an Arbeit und Sprache gebundenen soziokulturellen Lebensform. [42]

Man könnte nun versucht sein, zu sagen, dass diese Zweiteilung, die es nach Habermas offenbar schon seit der Urzeit gibt, eine sehr gute und sinnvolle Sache ist. Je nachdem, was gerade zu tun ist, handeln wir eben mal technisch instrumentell oder eben kommunikativ und interaktiv. Es gibt demnach seit jeher in der Geschichte zwei verschiedene Baustellen, auf denen wir mit zwei verschiedenen Werkzeugen agieren. Während wir im Privatleben und im gesellschaftlichen Raum unsere Normen und Verhaltensregeln für das Zusammenleben im kommunikativen Handeln intersubjektiv hervorbringen, setzen wir auf der anderen Baustelle, im Wirtschafts- und Geschäftsleben, auf instrumentelle Zweckrationalität und versuchen, alle Prozesse zweck- und erfolgsorientiert zu optimieren.

Doch so einfach ist es nach Habermas leider nicht. Er unterscheidet drei historische Phasen. Zu Beginn waren die beiden Arten, die Welt zu verstehen, also die kommunikative und die instrumentelle Vernunft noch eng miteinander verbunden. So haben beispielsweise in den frühen Stammesgesellschaften ‚die Alten' beziehungsweise der Ältestenrat die Entscheidung getroffen, wann ausgesät, geerntet, gejagt oder das Lager abgebrochen und weitergezogen wird. Die langjährige Erfahrung der Dorfältesten, die schon viele Sommer und Winter erlebt hatten, war so wertvoll, dass diese auch die ökonomischen

Entscheidungen kommunikativ getroffen haben. Doch mit der Entwicklung der Technik hat sich die instrumentelle Vernunft von der kommunikativen Vernunft abgekoppelt.

Mit dem Beginn der Neuzeit, der Reformation und der Gründung der zentralistischen Nationalstaaten trennt sich die kommunikative von der instrumentellen Rationalität. Es kommt zur Abkoppelung von System- und Lebenswelt. In der Systemwelt werden die Steuerungsmedien Macht und Geld immer wichtiger und entwickeln ein Eigenleben, das nicht mehr lebensweltlich kontrolliert wird.

Auf der dritten Stufe, in der industriellen Revolution ist dann die instrumentelle Vernunft so mächtig geworden, dass sie sogar die kommunikative Vernunft zu kolonialisieren versucht. Ein Ältestenrat wird in der Moderne nicht mehr gebraucht. Im Gegenteil, das Wissen der Alten gilt zunehmend als hinderlich. Anstelle der kommunikativen Reflexion der Vergangenheit, treten jetzt Fortschritt, revolutionäre Erfindungen und immer kürzere Innovationszyklen des Wissens. Die lebensweltliche Kontrolle der Ökonomie geht mehr und mehr verloren. Es kommt sogar zu Übergriffen der Systemwelt auf die Lebenswelt, die Habermas als „Kolonialisierung der Lebenswelt" bezeichnet.

Der Kerngedanke von Habermas

> Heute dringen die über die Medien Geld und Macht vermittelten Imperative von Wirtschaft und Verwaltung in die Bereiche ein, die irgendwie kaputt gehen, wenn man sie vom verständigungsorientierten Handeln abkoppelt und auf solche mediengesteuerten Interaktionen umstellt. [43]

Einen großen Anteil an der Abkoppelung der Lebenswelt von der Systemwelt hat auch die Wissenschaft. So werden heute Entscheidungen nicht mehr diskursiv von den Bürgern getroffen, sondern von Experten, deren Entscheidungsgrundlagen nicht mehr verständlich sind. Die mächtiger werdende Naturwissenschaft, die uns seit der Aufklärung so viele technische Fortschritte in der Medizin, im Transportwesen und der Güterproduktion gebracht hat, stellt am Ende, so Habermas, eine Gefahr für das kommunikative Denken und Handeln dar:

> Die empirisch-analytischen Wissenschaften erzeugen technische Empfehlungen […]. Anstelle einer Emanzipation durch Aufklärung tritt die Instruktion der Verfügung über gegenständliche oder vergegenständlichte Prozesse. [44]

Was sagt uns Habermas in diesem Zitat? Anstelle der Emanzipation, also anstelle der kritischen Überprüfung der Empfehlungen unserer Wissenschaftler und Ingenieure, tritt, so Habermas, die bloße Anweisung, wie wir Menschen im Alltag zu funktionieren haben. Die neuen technischen Erfindungen werden nicht mehr diskutiert, sondern angewendet und hingenommen. Habermas warnt eindringlich vor der immer stärker werdenden Wissenschaftsgläubigkeit unserer Gesellschaft. Er spricht diesbezüglich von der Gefahr des ‚Szientismus‘:

Der Kerngedanke von Habermas

‚Szientismus' meint den Glauben der Wissenschaft an sich selbst, nämlich die Überzeugung, dass wir Wissenschaft nicht länger als eine Form möglicher Erkenntnis verstehen können, sondern Erkenntnis mit Wissenschaft identifizieren müssen. [45]

Wissenschaft und Erkenntnis werden zunehmend gleichgesetzt. Dieses Phänomen zeigt sich auch in der alltäglichen Kommunikation. Immer öfter werden Gespräche mit dem Satz begonnen „Studien haben gezeigt, dass...". Vergessen wird dabei, dass die Ergebnisse solcher wissenschaftlicher Studien oft im Auftrag der Lebensmittel-, Pharma-, oder Konsumgüterindustrie gewonnen werden und somit deren spezifischen Interessen dienen. Und selbst, wenn es sich um vermeintlich objektive und industrieunabhängige Studien handelt, sollte, so Habermas, prinzipiell jede naturwissenschaftliche Erkenntnis kritisch auf ihre Folgen hin überprüft und diskutiert werden.

Als beispielsweise die Energiegewinnung aus Atomkraft möglich wurde, gab es in den meisten europäischen Staaten keinen gesellschaftlichen Diskurs über Chancen und Risiken dieser neuen Energiequelle. Erst als die Entsorgung des strahlenden Restmülls zum Problem wurde und Katastrophen in Tschernobyl und Fukushima den Glauben an die Beherrschbarkeit der Kernspaltung erschütterten, wurde deutlich, dass ihre euphorische Einführung aufgrund der bloßen Machbarkeit ein Fehler war. Das gilt auch für viele andere Bereiche. Ob es sich um die Möglichkeit der Gesichtsscannung, der Schönheitschirurgie, der pränatalen Diagnostik oder der Genmanipulation von Lebensmitteln handelt, jede neue naturwissenschaftliche Theorie zielt, sobald sie praktikabel ist, auf schnelle Umsetzung ab:

> Die gesellschaftlich wirksame Theorie ist nicht mehr an das Bewusstsein zusammenlebender und miteinander sprechender, sondern an das Verhalten hantierender Menschen adressiert. Sie verändert als eine Produktivkraft

Der Kerngedanke von Habermas

> der industriellen Entwicklung die Basis des menschlichen Lebens, aber sie reicht nicht mehr kritisch über diese Basis hinaus [...] [46]

Habermas warnt eindringlich davor, ausschließlich der instrumentellen Vernunft zu vertrauen und die Erfindungen und Segnungen des technischen Zeitalters ungeprüft in die Lebenswelt vordringen zu lassen:

> Dann nämlich wird ein vernünftiger Konsens der Bürger über die praktische Beherrschbarkeit der Geschichte gar nicht mehr angestrebt. An seine Stelle tritt der Versuch, die Verfügung über die Geschichte [...]. in einer perfektionierten Verwaltung der Gesellschaft technisch zu erlangen. [47]

Es ist also noch keineswegs entschieden, wann sich das kommunikative Handeln und der herrschaftsfreie Diskurs letztendlich durchsetzen werden. Im Moment, so Habermas, hat sich „das Mobile hartnäckig verhakt". [48]

Was nutzt uns die Entdeckung von Habermas heute?

Der Kampf gegen die Kolonialisierung der Lebenswelt

Habermas hat in seinem Werk zweifellos ein zentrales Problem der modernen Gesellschaft erkannt. Es gibt im heutigen Kapitalismus kaum mehr einen Bereich, der nicht unter dem Einfluss der ‚Steuerungsmedien Macht und Geld' steht. Die Trennung von Arbeits- und Privatleben, von System und Lebenswelt wird immer schwieriger. Die ‚neuen Kolonialherren Geld und Macht', wie sie Habermas wörtlich nennt, erobern immer größere Regionen der Lebenswelt, vereinnahmen die Menschen und

dringen in […] Bereiche ein, die irgendwie kaputt gehen […]. [49]

Für diese These lassen sich reihenweise Belege anführen. Ein Beispiel, das mir in diesem Zusammenhang einfällt, ist der berufliche Werdegang einer guten Bekannten. Sie war Versicherungsvertreterin. Wie die Mehrzahl ihrer Kollegen hatte sie keine eigene Niederlassung mit Laufkundschaft, sondern gewann ihre Kunden durch Hausbesuche. Auch ich hatte mich bei ihr versichert, da ich sie aus dem Freundeskreis meiner Schwester persönlich kannte. Sie bat mich, sie weiterzuempfehlen, was ich gerne tat, da ich sie mochte und ihre Versicherung, soweit ich es beurteilen konnte, durchaus preiswert und gut war. So schlossen auch noch ein Arbeitskollege und eine Freundin bei ihr eine Versicherung ab.

Irgendwann habe ich sie nicht mehr auf den Festen und Partys meiner Schwester angetroffen und bekam die Auskunft, dass sie nicht mehr eingeladen werde, da sie jeden wegen ihrer Versicherung ‚anquatschen' würde. Als ich sie einige Zeit später zufällig traf und darauf ansprach, meinte sie gekränkt, es sei gemein, sie für ihren Beruf zu bestrafen: „Versicherungsgeschäft ist nun mal persönliches Geschäft", sagte sie eindringlich. „Man muss Vertrauen haben, wenn man sich versichert und Vertrauen fällt nicht vom Himmel. Es kommt nur dadurch zustande, dass Freunde oder Menschen, denen man vertraut, ehrlich sagen, dass die Versicherung o.k. ist und sie sich gut versichert fühlen. Ich bin doch auf euch angewiesen, versteht ihr das denn nicht?"

Sie lebte von den Prämien, die sie für jeden neuen Kunden bekam und ihr einziger Kontakt zu neuen Kunden waren bereits geworbene Kunden, deren Freunde und deren Freundesfreunde und Bekannte. Ihr Konzern hatte somit, wie Habermas sagen würde, ihr Privatleben kolonialisiert, sich ihrer Freundeskreise bemächtigt, um seine Kundenzahl und Rendite zu steigern. Die Steuerungsmedien Macht und Geld haben vor keinem Fest und keiner Party mehr Halt gemacht. Ihre persönlichen und privaten Begegnungen wurden zu Verkaufsplätzen ihres Produktes:

[…] das Eindringen von Formen ökonomischer und administrativer Rationalität […] führt zu […] Verdinglichung der kommunikativen Alltagspraxis. [50]

Die Verdinglichung der Alltagspraxis erreichte schließlich ihren Höhepunkt, als ihr bei einem ‚Coaching' durch den Konzern beigebracht wurde, ihre Verkaufserfolge noch zu steigern, indem sie ihre Wirkung und ihr Erscheinungsbild optisch und rhetorisch verbessere. Unter anderem wurde ihr empfohlen, da sie sympathisch und gut aussehend war, bei Kundengesprächen Kostüme zu tragen. Diese sollten wegen der gebotenen Seriosität zwar oben geschlossen, an den Beinen aber kurz gehalten sein. Kurioserweise, oder man könnte auch sagen traurigerweise, hat dies bei den männlichen Kunden tatsächlich die Vertragsabschlüsse gesteigert. So hat sie zusätzlich zu ihrem Privatleben auch noch ihren Körper, zumindest ihr Aussehen in den Dienst des Verkaufssystems gestellt und sich assimiliert:

> [...] die Imperative der verselbständigten Subsysteme dringen [...] von außen in die Lebenswelt – wie Kolonialherren [...] – ein und erzwingen die Assimilation. [51]

Was nützt uns die Entdeckung von Habermas heute?

Das Ende vom Lied war ihr Ausscheiden aus der Versicherung. Sie hat selbst gekündigt, als der Konzern bekannt gab, künftig bereits ausbezahlte Prämien anteilig zurückzufordern, falls ein gewonnener Kunde nach einem, zwei oder drei Jahren wieder aus der Versicherung austritt. Die drohende Prämienrückzahlung bedeutete für sie eine ständige Unsicherheit. Jeden Monat konnte ihr Konto mit tausenden Euro Rückbuchungen in die roten Zahlen kommen. Man gab ihr zwar die Möglichkeit, bei einer solchen Kündigung noch einmal in einem persönlichen Gespräch den Kunden zu überzeugen, bei der Versicherung zu bleiben, doch führte dies nur dazu, dass sie auch noch im Urlaub Kundentelefonate führen musste, um ihre Existenz zu sichern. Ihr Resümee war kurz und klar: „Ich bin nur noch froh, dass ich da raus bin."

Dies ist nur eines von vielen Beispielen, wie der Kapitalismus durch die Subsysteme Macht und Geld unsere Lebenswelt kolonialisiert. Zwar versichern sich heutzutage immer mehr Menschen über das Internet, so dass das „persönliche Geschäft" der Versicherungsagenten bald obsolet wird, dennoch ist die Kolonialisierung in vielen Bereichen spürbar. Auch bei freier Arbeitszeitwahl und Home Office-Tätigkeiten lauern Fallen. Wenn nicht mehr die messbare Arbeitszeit bezahlt wird, sondern die Erledigung von zugeordneten Arbeitskontingenten in der eigenen Wohnung, arbeitet man oft für dasselbe Geld bei eigenen Nebenkosten erheblich länger als zuvor im Büro mit einer Zeiterfassungskarte. Hinzu kommt die schleichende Akzeptierung der durchgehenden privaten Erreichbarkeit am Telefon. Auch die Konsumgüterindustrie kolonialisiert die privaten Haushalte durch das ‚Einfallstor' der konsumistischen Orientierung der Menschen. Immer mehr Familien und vor allem Jugendliche unterliegen dem Zwang zum neuesten Handy, den bekanntesten Kleidermarken und Konsumartikeln.

Vor allem aber erschüttert der Kapitalismus unsere Lebenswelt durch die Angst, seinen Arbeitsplatz zu verlieren und im Alter arm zu sein. Habermas empfiehlt hier zu Recht den gewerkschaftlichen Widerstand, die Solidarität und die Selbstorganisation der Zivilgesellschaft gegen die Kolonialisierung:

[...] die sozialintegrative Gewalt der Solidarität müsste sich gegen die ‚Gewalten' der beiden anderen Steuerungsressourcen, Geld und administrative Macht, behaupten können. [52]

Eugenik – die Selbstzüchtung des Menschen Kommunikativ statt instrumentell handeln!

Trotz der feststellbaren Kolonialisierung der Lebenswelt durch die instrumentelle Vernunft gibt es auch immer wieder Beispiele für die hartnäckige Kraft der kommunikativen Vernunft und des kommunikativen Handelns. Habermas selbst hat sich, ähnlich wie der Philosoph Sartre in Frankreich, zu aktuellen politischen Entscheidungsprozessen zu Wort gemeldet und eingemischt. Bereits als junger Universitätsassistent hat er 1958 auf der großen Demonstration gegen die atomare Wiederaufrüstung der Bundeswehr eine Rede gehalten und einen Artikel mit dem Titel ‚Ungehorsam als erste Bürgerpflicht' veröffentlicht.

Auch zu dem brisanten Thema ‚Eugenik' nahm Habermas zukunftsweisend Stellung. Denn auch bei diesem Thema prallen instrumentelle und kommunikative Vernunft aufeinander. Der instrumentelle Nutzen einer eugenischen Selektion liegt auf der Hand. Man kann durch die Analyse des Erbgutes in der befruchteten Eizelle oder im Fötus vorgeburtlich bereits genetisch angelegte Krankheiten erkennen und durch ‚Abtreibung' beziehungsweise Auswahl einer anderen befruchteten Eizelle verhindern.

Die Konsequenzen, die sich aus der Entschlüsselung des genetischen Codes ergeben, und die damit einhergehende lebensweltliche Kolonialisierung kann dabei leicht übersehen werden. In vielen Ländern wird, freilich oft am Rande der Legalität, die Möglichkeit der pränatalen Diagnostik bereits zur Planung des Wunschkindes genutzt. Eltern suchen sich unter den befruchteten Eizellen mit Hilfe der Ärzte diejenigen aus, deren genetischer Kode ein gesundes männliches Kind mit der jeweils bevorzugten Haar- und Augenfarbe verspricht.

Die pränatale Diagnostik, also übersetzt das vorgeburtliche Wissen, hat natürlich auch vermeintliche Vorteile. Viele ältere Paare lassen im Mutterleib prüfen, ob das Kind mongoloid wird, also Trisomie21 oder andere Erbkrankheiten im Erbgut erkennbar sind, die das potentielle spätere Leben des Kindes und das der Eltern beeinträchtigen würden. Bereits heute wird in vielen Ländern eine diagnostizierte Trisomie21 als Abtreibungsgrund akzeptiert.

Doch inzwischen lassen sich aufgrund der voranschreitenden Forschung zahlreiche weitere präzise

Was nützt uns die Entdeckung von Habermas heute?

Vorhersagen für das spätere Leben des Kindes machen. Keine Frage, die Entschlüsselung des Genoms und die vorgeburtliche Diagnostik ist ein großer Schritt der Wissenschaft und kann in naher Zukunft zur präventiven Verhinderung jedweder Form von Erbkrankheiten und somit zu einer neuen Generation genetisch gesunder und schöner Menschen führen. Rein instrumentell gesehen mag dies verlockend erscheinen.

Habermas stellt nun aber zwei wichtige Fragen. Erstens: Was ist heute und in naher Zukunft instrumentell machbar und was ist tatsächlich unter dem Gesichtspunkt der Vielfalt, Natürlichkeit und Autonomie des Lebens wünschenswert? Er thematisiert damit das äußerst brisante Problem der Grenzen der Manipulation.

Was sollen wir in unserer Demokratie den Eltern, den Ärzten oder dem Staat an eugenischer Vorab-Selektion erlauben und wo sollen und müssen wir Grenzen ziehen? Zum zweiten stellt Habermas die wichtige Frage: Wer soll über die Grenzen entscheiden – das Gesundheitsministerium, der Präsident oder einige Wissenschaftler? Wir müssen, so Habermas, gerade in diesen wichtigen Fragen, eines unter allen Umständen vermeiden:

[...] die elitäre Abspaltung von Expertenkulturen von den Zusammenhängen kommunikativen Alltagshandelns. [53]

Derzeit werden fast jeden Monat neue Erbanlagen auf der Doppelhelix entschlüsselt. Immer genauer lassen sich Art und Zeitpunkt der Entfaltung genetisch programmierter Merkmale, Mutationen, Veranlagungen und Krankheiten dekodieren und vorhersagen. Das Wissen um die biologisch-genetische Prognostizierbarkeit unseres Lebens wächst rasant. Wie sollen wir mit diesem neuen Wissen umgehen?

Haben Eltern bei einer normalen Schwangerschaft ein Anrecht darauf, zu Beginn oder im Falle der künstlichen Befruchtung bereits vor der Schwangerschaft alle Daten ihres künftigen oder möglichen Kindes zu erfahren, einschließlich Geschlecht, Augen-, Haarfarbe, Anatomie, ungefährer Körpergröße etc.? Und wenn der Gesetzgeber vorher durch die Ärzte eine Selektion nach bestimmten Regeln verlangt und den Eltern nur eine kleine Auswahl von Erbanlagen zur

Was nützt uns die Entdeckung von Habermas heute?

Verfügung stellt, welche Wahlmöglichkeiten kann und darf man den Eltern bei mehreren befruchteten Eizellen überlassen? Wunschkinder sind inzwischen auch im medizinischen Sinn des Wortes möglich geworden. Aber wo beginnt das Recht auf Eigentlichkeit des Fötus? Welcher moralische und rechtliche Status kommt Embryonen zu?

In dem Buch ‚Die Zukunft der menschlichen Natur' fordert Habermas ein gesetzliches Verbot der positiven Eugenik. Das heißt, es solle Eltern prinzipiell nicht erlaubt sein, die positiven Eigenschaften ihres künftigen Kindes pränatal zu bestimmen oder auszusuchen. Das Kind müsse die Chance haben, sich als Jugendlicher oder spätestens im Erwachsenenalter, von allen Vorgaben der Eltern, also den Erziehungsleistungen und Verfehlungen sowie von der gesamten eigenen Sozialisation zu emanzipieren, zu befreien und einen eigenen, selbstbestimmten Weg einzuschlagen:

Eben diese Chance besteht nicht im Falle einer genetischen Fixierung [...]. [54]

Eine aktive oder ‚positive' Auswahl der genetischen Merkmale des Kindes wäre eine unerlaubte Bevormundung, da die Eltern ohne das diskursive Einverständnis des späteren Kindes voraussetzen zu können, dessen naturhafte Ausstattung nach eigenen Erwägungen vorgeben. Erlaubt werden solle, so Habermas lediglich die ‚negative Eugenik', dass Eltern ihr Kind präventiv vor künftigen Krankheiten schützen. Denn hierzu kann das spätere Einverständnis des Noch-nicht-Geborenen vorausgesetzt werden.

Nur im negativen Fall der Vermeidung extremer und hochgeneralisierter Übel bestehen gute Gründe für die Annahme, dass der Betroffene der eugenischen Zielsetzung zustimmen würde. [55]

Habermas hat mit seiner Idee des Verbots der positiven Eugenik nur einen ersten Vorschlag gemacht, doch die meisten Fragen sind noch offen. Was gilt als Erbkrankheit und darf von Ärzten und Eltern eugenisch vermieden werden und was gilt als normales Lebensrisiko, das noch in Kauf genommen werden muss? Viele genetisch feststellbare Dispositionen brechen nicht zwangsläufig aus. Ist also eine bloße Disposition für eine mögliche Erkrankung bereits ein Ausschlussgrund für künftiges Leben?

Am Ende muss sogar die Frage beantwortet werden, ob und in welchem Alter man einem heranwachsenden Kind seine eigenen harten genetischen Lebensdaten zur Verfügung stellen darf. Wann ist der junge Mensch reif, um sich mit seinen genetisch kodierten Risiken, Dispositionen und seinem voraussichtlich zu erwartenden Lebensalter auseinanderzusetzen?

Wenn uns Habermas in diesen Fragen etwas Wichtiges zu sagen hat, dann ist es mehr noch als seine Warnung vor der positiven Eugenik, seine Aufforderung, die Antworten nicht den Experten zu überlassen. Wichtig ist jetzt vor allem eines. Wir dürfen diese entscheidenden Weichenstellungen, die die Zukunft der Menschheit betreffen, auf keinen Fall elitären Wissenschaftszirkeln überantworten. Es muss ein breiter gesellschaftlicher Diskurs stattfinden und ein Konsens darüber gefunden werden, wer mit welchen genetischen Dispositionen leben darf und wer nicht.

Die Menschheit steht hinsichtlich der neuen eugenischen Möglichkeiten vor einer ungeheuer großen Herausforderung. Eine Million Jahre verlief die Evolution naturwüchsig. Die heute möglich werdende Befreiung künftiger Generationen von Erbkrankheiten und Dispositionen für potentielle Erbkrankheiten, die Möglichkeit maximaler gesundheitlicher Optimierung durch Selbstzüchtung, wirft schwierigste ethische Probleme auf, die kommunikativ gelöst werden müssen. Schnelle Antworten gibt es dafür nicht. Die Möglichkeiten und die Begrenzung der Selbstzüchtung werden uns und die nachfolgenden Generationen wohl noch sehr lange und intensiv beschäftigen. Doch eines steht fest: Der Diskurs ist bereits eröffnet.

Das dritte Jahrtausend: Neue Barbarei oder Entfaltung der kommunikativen Rationalität?

Was nützt uns der Kerngedanke von Habermas heute? Hat Habermas wirklich Recht? Ist der welthistorische Prozess geprägt von der Entfaltung der kommunikativen Vernunft in Konkurrenz zur instrumentellen Vernunft? Und vor allem - wird sich die

Was nützt uns die Entdeckung von Habermas heute?

kommunikative Vernunft am Ende weltweit durchsetzen? Kommt es zu einem Zustand ‚unversehrter Intersubjektivität' oder führt uns die fortschreitende instrumentelle Vernunft in eine neue Wirtschafts- und Ausbeutungsbarbarei?

Habermas ist trotz seiner beharrlichen Warnung vor der Kolonialisierung der Lebenswelt letztlich optimistisch. Denn, davon ist er zu tiefst überzeugt, in der Sprache selbst ist bereits eine emanzipatorische Kraft angelegt, die in der kommunikativen Verständigung und der kommunikativen Vernunft mündet:

> In den Geltungsansprüchen, an denen wir uns im kommunikativen Handeln, wie implizit auch immer, orientieren müssen, ist ein hartnäckiger, wenn auch immer wieder unterdrückter Vernunftanspruch angelegt. [56]

Und dieser hartnäckige Vernunftanspruch wird sich, davon ist Habermas überzeugt, im Laufe der Geschichte auswirken und die soziale Evolution prägen. In seinem Buch ‚Faktizität und Geltung, Beiträge zur Diskurstheorie des Rechts und des demokratischen

Rechtsstaats' zeigt Habermas, wie die kommunikative Vernunft das Recht und die Normen der demokratischen Gesellschaft nach und nach hervorgebracht und weiterentwickelt hat. Während in der archaischen Stammesgesellschaft die Bräuche, Riten und Rechtsvorstellungen weitgehend von mythologischen Weltbildern und familiären Autoritätsbezügen geprägt waren, hat sich im Laufe der sozialen Evolution ein diskursiver Begründungszwang durchgesetzt. Gesetze können heute nicht mehr einfach von Häuptlingen, Fürsten oder Königen nach Gutdünken gemacht werden, indem sie sich auf ihre göttliche Herkunft berufen, sondern bedürfen der intersubjektiven Anerkennung der Staatsbürger. Moderne Gesetze werden von gewählten Parlamentariern diskursiv geprüft und im Auftrag der Bürger verabschiedet. Sie entsprechen daher im Idealfall der gefühlten Autorenschaft aller Bürger:

> [...] die Bürger sollen sich jederzeit auch als Autoren des Rechts, dem sie als Adressaten unterworfen sind, verstehen können. [57]

Was nützt uns die Entdeckung von Habermas heute?

Diese Entwicklung von mythologisch verankerten Traditionen, Riten und Tabus hin zu den diskursiv überprüfbaren Normen und Gesetzen ist zweifellos ein Fortschritt und beruht auf der Freisetzung der kommunikativen Vernunft:

> Über kommunikatives Handeln wird das Rationalitätspotential der Sprache [...] im Verlauf der der sozialen Evolution freigesetzt. [58]

Wenn dies aber so ist und das ‚Rationalitätspotential der Sprache' beziehungsweise der ‚hartnäckige Vernunftanspruch' in der sozialen Evolution freigesetzt wird, stellt sich die große Frage, warum es immer noch Kriege gibt. Warum hat die kommunikative Rationalität nach zweitausend Jahren christlicher Zeitrechnung und nach einer Million Jahre Menschheitsgeschichte noch immer nicht ihre konsensstiftende Kraft voll und ganz entfalten können?

Am Ende muss man Habermas dieselbe Frage stellen, die man auch den Geschichtsphilosophen Hegel und Marx gestellt hat. Ist tatsächlich ein Fortschritt in der Geschichte sichtbar geworden? Habermas beantwortet diese Frage in einer für ihn ungewöhnlich persönlichen Art und Weise. Er gesteht sich selbst und seinen Lesern gegenüber ein, dass er bei der Beantwortung ‚ambivalent' ist. Einerseits sieht er mit großer Sorge, dass ‚etwas zutiefst schief' läuft in der rationalen Gesellschaft, dass die kommunikative Vernunft also keineswegs die gesellschaftlichen Prozesse bereits durchdringt und steuert, anderseits ist er fest davon überzeugt, dass sich die kommunikative Rationalität entfalten kann und entfalten wird:

> Ich habe überhaupt zu nichts ein unambivalentes Verhältnis, jedenfalls nur in sehr seltenen Augenblicken […]. Ambivalent bin ich auch, weil ich den Eindruck habe, dass etwas zutiefst schief ist in der rationalen Gesellschaft, in der ich aufgewachsen bin und nun lebe. Anderseits habe ich auch etwas anderes zurückbehalten von jener Erfahrung 1945 und danach, dass nämlich etwas besser geworden ist. Es ist wirklich etwas besser geworden. Auch darauf muss man sich stützen. [59]

Was nützt uns die Entdeckung von Habermas heute?

Es ist also, so Habermas, trotz aller Rückschläge auch „wirklich etwas besser geworden". Ist dies so? Ist unsere Welt besser geworden? Wenn man das große Zeitintervall von der Antike über das Mittelalter bis heute betrachtet, muss man Habermas zweifellos Recht geben. In fast allen Ländern der Erde ist beispielsweise Sklaverei inzwischen verboten, obwohl sie in der Antike durchaus erlaubt war. Selbst Aristoteles hielt die Sklaverei noch für etwas ganz Natürliches.

So gesehen ist zweifellos etwas besser geworden. Auch wenn man das Zeitintervall vom Zweiten Weltkrieg bis heute näher betrachtet, auf das Habermas in seinem Zitat konkret anspielt, ist sicherlich einiges besser geworden. Der Nationalismus und Faschismus scheint überwunden. Die modernen Demokratien Europas haben sich nach den Erfahrungen zweier Weltkriege in einer politischen und wirtschaftlichen Union zusammengeschlossen, die zum ersten Mal in der Geschichte über siebzig Jahre Frieden gewährleistet hat. Auch die militärischen Supermächte USA und Russland gehen seit der Überwindung des Kalten Krieges diplomtischer miteinander um.

Doch wenn man sich die soziale und ökonomische Entwicklung der letzten Jahrzehnte ansieht, gibt es auch viele besorgniserregende Entwicklungen. In ausnahmslos allen Staaten der westlichen Welt hat sich der Unterschied zwischen Arm und Reich geradezu dramatisch vergrößert. Weite Teile der Bevölkerung fühlen sich abgehängt von den Errungenschaften und dem Wohlstand der Gesellschaft. Und gerade die von Habermas immer wieder geforderte diskursive Teilhabe an der politischen und gesellschaftlichen Entwicklung ist keineswegs sichergestellt.

Im Gegenteil, viele Menschen fühlen sich von den demokratischen Parteien nicht mehr verstanden, nicht repräsentiert oder gar im Stich gelassen. Immer mehr Millionäre und Milliardäre auf der einen Seite, immer mehr Geringverdiener auf der anderen, treiben die Menschen in Protestbewegungen.

Die Umverteilung des Vermögens in der sozialen Marktwirtschaft scheint am Neoliberalismus zu scheitern. Was nutzt uns also heute die Entdeckung von Habermas? Kann uns die kommunikative Rationalität retten?

Habermas ist, wie wir gesehen haben, in dieser Frage letztlich ambivalent. Doch eines betont er immer wieder: Die Entfaltung der kommunikativen Vernunft bzw. der kommunikativen Rationalität ist kein bloßes Ideal, das uns nur vorschwebt:

> Dieser Begriff kommunikativer Rationalität führt Konnotationen mit sich, die letztlich zurückgehen auf die zentrale Erfahrung der zwanglos einigenden, Konsens stiftenden Kraft argumentativer Rede [...]. [60]

Kommunikative Rationalität geht also zurück auf eine „Erfahrung", die wir machen können.

Den herrschaftsfreien Diskurs wagen!

Auch wenn Habermas sagt, dass der Wunsch nach Verständigung und somit die Entfaltung der Mündigkeit in der Sprache als Gattungskompetenz angelegt ist, heißt das nicht, dass es sich um einen naturwüchsigen Prozess handelt und wir sozusagen als Zuschauer abwarten können, bis unsere Welt vernünftig wird. Nein - wir können die Entfaltung der in der Sprache angelegten Geltungsansprüchen zumindest unterstützen. Die weitere Kolonialisierung der Lebenswelt kann nur verhindert werden, wenn der lebensweltliche Diskurs wieder die Funktionssysteme Macht, Wirtschaft und Geld zu durchdringen versucht:

> Der systemische Bann, den der kapitalistische Arbeitsmarkt über die Lebensgeschichte der Arbeitsfähigen [...] verhängt, wird nicht dadurch gebrochen, dass die Systeme lernen, besser zu funktionieren. Vielmehr müssen Impulse aus der Lebenswelt in die Selbststeuerung der Funktionssysteme einfließen können. [...] [61]

Was heißt das aber konkret? Wie können Impulse aus der Lebenswelt in die Funktionssysteme Macht und Geld einfließen? Wie können wir die Ökonomie, also den globalen Kapitalismus kommunikativ durchdringen und kontrollieren? Hat die Menschheit noch eine Chance? Habermas bejaht diese Frage. Die Gattung Mensch hat diese Möglichkeit und – es bleibt ihr letztlich gar nichts anderes übrig, als auf Kommunikation zu setzen:

Was nützt uns die Entdeckung von Habermas heute?

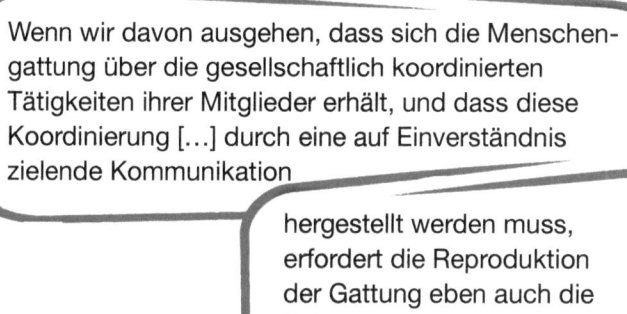

Wenn wir davon ausgehen, dass sich die Menschengattung über die gesellschaftlich koordinierten Tätigkeiten ihrer Mitglieder erhält, und dass diese Koordinierung [...] durch eine auf Einverständnis zielende Kommunikation hergestellt werden muss, erfordert die Reproduktion der Gattung eben auch die Erfüllung der Bedingungen einer dem kommunikativen Handeln innewohnenden Rationalität. [62]

Und mit der Erfüllung der Bedingungen der kommunikativen Rationalität meint Habermas nichts anderes, als die vier Geltungsansprüche und die vier Bedingungen der ‚idealen Sprechsituation' so weit als möglich einzulösen. Er empfiehlt uns letztlich etwas ganz Einfaches. Wir müssen und sollen den herrschaftsfreien Diskurs wagen und zwar hier und jetzt - gegenüber unseren Kindern, Freunden, Nachbarn, Arbeitskollegen und Mitarbeitern. Und das bedeutet in einem ersten Schritt, dem ‚zwanglosen Zwang des besseren Argumentes' zu vertrauen.

Es bedeutet, wo immer es möglich ist, auf Hierarchie und autoritäre Führung ganz zu verzichten und stattdessen auf Verständigung zu setzen. Gegenüber den Kindern ist es natürlich im Alltag schwierig und vor allem anstrengend, alles und jedes argumentativ zu begründen und mit ihnen ein diskursiv erzeugtes Einverständnis zu erzielen. Wenn das Kind noch klein ist, im Supermarkt im Einkaufswagen sitzt, eine Schokolade aus dem Regal zieht und verzehren will, wird es lieber dem eigenen Lustprinzip folgen wollen, als dem zwanglosen Zwang des besseren Argumentes, wonach es keine unbezahlten Waren konsumieren dar.

Doch in den allermeisten Situationen macht es Sinn, den Kindern gerade die Verbote und Tabus unserer Gesellschaft sorgfältig zu erklären und mit ihnen einen Konsens zu finden. Umso früher wir sie dazu bringen, ihre Wünsche zu begründen und mit ihnen den herrschaftsfreien Diskurs einüben, umso schneller wachsen sie in die gesellschaftspolitische Mitverantwortung hinein und entwickeln ein kritisches Bewusstsein für Normen und Konventionen.

Indem sie nämlich schon von klein auf daran gewöhnt

Was nützt uns die Entdeckung von Habermas heute?

sind, kleine und große Entscheidungen argumentativ zu begründen, ihre jeweiligen Bedürfnisse einzubringen und mit denen der anderen abzustimmen, wird ihnen auch die fundamentale Tatsache bewusst, dass letztlich alle Regeln und Verfahren einer Gesellschaft nur aus Übereinkünften bestehen, die stets auf ihre argumentative Schlüssigkeit hin überprüft und überdacht werden müssen. So lernen die jungen Menschen, ihre Ansprüche prinzipiell zu begründen und sich mit den Begründungen der anderen auseinanderzusetzen:

> Und die Rationalität derer, die an dieser kommunikativen Praxis teilnehmen, bemisst sich daran, ob sie ihre Äußerungen [...] begründen könnten. [63]

Die Vernunft oder Rationalität, so Habermas, kann und wird sich also überall dort entfalten, wo Geltungsansprüche argumentativ begründet und mit den Geltungsansprüchen anderer diskursiv eingelöst werden. Wenn die Menschen etwas aus den Forderungen der Aufklärung und der Französischen Revolution und den Erfahrungen mit Diktatur und Faschismus gelernt haben, dann vielleicht die Tatsache, dass Obrigkeitshörigkeit, Autoritätsverehrung und blinder Gehorsam gegenüber den Herrschenden fatale Auswirkungen haben. Habermas hat uns mit dem herrschaftsfreien Diskurs ein Verfahren an die Hand gegeben, jenseits von Hierarchie und Autorität zu Entscheidungen zu kommen und gemeinsam solidarisch zu handeln.

Nicht nur in der Familie, auch in der Arbeitswelt wird zunehmend auf diskursive Entscheidungen und Handlungen gesetzt. Das heutzutage viel beschworene Teamwork gehört in vielen Betrieben bereits zur Unternehmenskultur. Natürlich existiert in den Firmen noch kein herrschaftsfreier Diskurs und auch das propagierte ‚Teamwork' treibt bisweilen seltsame Blüten. Oft lässt der Chef das Team zwar diskutieren, Ideen, Bedürfnisse und Argumente einbringen, entscheidet am Ende aber allein, was gemacht wird.

In einem führenden globalen Versicherungskonzern wurde beispielsweise von der Personalabteilung in einer aufwendigen Kampagne das neue Motto: ‚Führung auf Augenhöhe' ausgegeben. Das war gut gemeint, fortschrittlich und klang ein bisschen nach der Verwirklichung des ‚herrschaftsfreien Diskurses' im Sinne von Habermas. Die Mitarbeiter sollten als gleichwertige Gesprächsteilnehmer auf Augenhöhe mit dem Chef diskursiv nach der besten Strategie und den besten Entscheidungen suchen. Auf diese Weise könne man die Kreativität und das Potential jedes einzelnen Mitarbeiters als Ideengeber und Initiator in den Gesamtprozess einbeziehen und diesen zu verantwortungsvoller Beteiligung am Entscheidungsprozess motivieren. Die Personalabteilung bat im Zuge der eingeführten Unternehmenskultur um ein Feedback aus allen Sparten und Abteilungen des Konzerns.

Die praktische Folge der Initiative ‚Führung auf Augenhöhe' war aber nur, dass der jeweilige Ressort-Chef seine gesamten Abteilungsleiter zu einem Meeting einberufen und der Reihe nach befragt hat, ob sie das Gefühl haben, sich frei, ungezwungen und effizient mit ihren Ideen, Projekten und Verbesserungsvorschlägen einbringen zu können. Aus Angst, etwas Falsches zu sagen, lautete die vorhersehbare Antwort in der Runde, dass alles zum Besten bestellt und das Teamwork hervorragend sei. Nachdem dann die befragten Abteilungsleiter wiederum auf der nächsttieferen Ebene ihre untergebenen Fachbereichsleiter und diese am Ende die einfachen Mitarbeiter auf der untersten Ebene in derselben Weise befragt und um öffentliche Zustimmung gebeten haben, bekam die Personalabteilung das erfreuliche Feedback, dass die ‚Führung auf Augenhöhe' im Konzern überall und auf ganzer Linie bereits realisiert sei.

Gerade dieser belustigende und gleichzeitig natürlich etwas traurige Selbstbetrug hinsichtlich der ‚Kommunikation auf Augenhöhe' verweist sehr deutlich auf das Fehlen der Voraussetzungen des herrschaftsfreien Diskurses. So wäre für Habermas natürlich die Kampagne ‚Führung auf Augenhöhe' ein gewisser innerer Widerspruch, da jeder Diskursteilnehmer in der idealen Sprechsituation von vorne herein dieselbe Autorität haben müsste, um überhaupt auf Augenhöhe sprechen zu können. ‚Führer' oder ‚Führung' dürfte es im klassischen Sinne nicht mehr geben. Auch die Befragung der Mitarbeiter zu diesem Thema ist diskursethisch betrachtet natürlich unzureichend, da der herrschaftsfreie Raum als wichtigste Voraussetzung der idealen Sprechsituation auch bei der Befragung nicht vorhanden war. Aber es war immerhin ein Anfang, ein erster zarter Versuch in einem der weltgrößten Versicherungsunternehmen, die hierarchische Kommunikation aufzuweichen.

An diesem Beispiel sieht man, wie weit der Weg noch ist, bis wir im Geschäftsleben den herrschaftsfreien Diskurs verwirklichen können. Die ideale Sprechsituation ist auch der Hauptangriffspunkt der Kritik am Kerngedanken von Habermas. Denn, so die Kritiker, sein herrschaftsfreier Diskurs hat die Herstellung der idealen Sprechsituation zur Voraussetzung und diese ist praktisch unmöglich. Denn in der Realität gibt es weder in der Familie, noch in Unternehmen, noch in der Politik die Möglichkeit, Entscheidungen in einem wirklich autoritätsfreien Raum auszudiskutieren. Weder haben die Diskutierenden die gleiche berufliche oder private Autorität, um im Diskurs dem zwanglosen Zwang des besseren Argumentes zu folgen und zu einer übereinstimmenden Meinung zu kommen, noch ist es möglich, dass sich alle Teilnehmer mit gleicher Fähigkeit artikulieren, mit gleicher Herkunft, Bildung, Lebenserfahrung und Talent.

Väter oder Mütter haben beispielsweise allein aufgrund ihres Alters und ihrer Erfahrung in einem Familiengespräch oft mehr Autorität als die heranwachsenden Kinder, ein Inhaber eines mittelständischen Betriebes oft größere ökonomische Macht, betriebswirtschaftliches Wissen und persönliche Sorge um das Wohlergehen der Firma als seine Angestellten, ein Bundeskanzler mehr Macht als seine Kabinettsmitglieder, ein General mehr Entscheidungsmöglichkeiten als seine Offiziere, ein Professor mehr Autorität als seine Studenten. Einen wirklich herrschaftsfreien Diskurs, in dem alle Beteiligten mit gleichen Ausgangslagen und Möglichkeiten diskutieren, gibt es vielleicht nur zwischen guten Freunden bei einem Glas Bier oder in einem Gespräch zwischen Lebenspartnern und selbst da steht am Ende nicht immer ein Konsens.

Auch enthält das Modell von Habermas die Gefahr des ‚unendlichen Gesprächs', wenn sich die Teilnehmer nicht argumentativ einigen und ihre Bedürfnisse nicht auf einen gemeinsamen Nenner bringen können. Die Diskursethik von Habermas, so seine Kritiker, sei letztlich nicht praktizierbar und am Ende doch wieder nur Idealismus. Die ‚ideale Sprechsituation' gäbe es in der Wirklichkeit nicht und auch die operative Wirksamkeit der kontrafaktischen Unterstellung, dass man sie herstellen könnte, führe nicht immanent zur Erzielung eines Einverständnisses. Auch hätte Habermas inhaltlich nicht viel gesagt. Seine Diskursethik gäbe keinerlei Handlungsorientierung und sei somit nur ein formales Prinzip, was auch Habermas selbst einräumt:

Insofern lässt die Diskursethik mit Recht als formal kennzeichnen. Sie gibt keine inhaltlichen Orientierungen an, sondern ein Verfahren: den praktischen Diskurs. [64]

Was nützt uns die Entdeckung von Habermas heute?

Trotz dieser dreifachen Kritik darf man den Kerngedanken von Habermas auf keinen Fall unterschätzen. Natürlich - die Diskursethik ist zunächst einmal nur ein formales Verfahren und ja, die ‚ideale Sprechsituation' gibt es in der Praxis selten oder noch gar nicht und nochmals ja – das Einbringen aller Bedürfnisse, Argumente und das Erzielen eines Konsensus in einem feldunabhängigen Stil der Wahrnehmung ist schwierig und zeitintensiv.

Aber dennoch hat Habermas mit seiner Forderung nach dem ‚herrschaftsfreien Diskurs' etwas in die Welt gebracht, das nicht mehr wegzudenken ist. Vielleicht wird es noch Jahrzehnte dauern, bis wir in der Lage sind, den herrschaftsfreien Diskurs in relevanten gesellschaftlichen Bereichen zu verwirklichen und mit Leben zu erfüllen. Vielleicht sogar noch Jahrhunderte, wenn wir davon ausgehen, dass, wie von Habermas intendiert, die gesamte Welt ihre diskursive Entscheidungs- und Handlungsfähigkeit entfalten kann und muss. Aber selbst wenn es uns vielleicht niemals gelingen sollte, den herrschaftsfreien Diskurs in seiner Reinform global zu realisieren, so hat der von Habermas aufgezeigte Weg dennoch ein ‚revolutionär' emanzipatorisches Ziel.

Letztlich hat Habermas die Forderungen der Französischen Revolution nach Gleichheit, Freiheit und

Brüderlichkeit auf neue Weise radikal weitergedacht und uns mit der Diskursethik ein Verfahren an die Hand gegeben, diese pragmatisch zu realisieren und umzusetzen. Denn im herrschaftsfreien Diskurs können wir ‚gleichberechtigt' unsere Bedürfnisse und Argumente einbringen, uns in ‚brüderlicher' Gegenseitigkeit austauschen und uns ‚frei' auf ein gemeinsames Handeln einigen. Freiheit, Gleichheit und Brüderlichkeit können im Grunde nur diskursiv verwirklicht werden.

Habermas hat ferner in seinem eigenen Leben ein Beispiel dafür gegeben. Zwar musste er als Wissenschaftler auch zahlreiche Kämpfe austragen, sich und seine Theorie oft verbissen verteidigen und andere Theorien ebenso scharf kritisieren. Aber eines muss man ihm zugestehen. Er vertraute dabei stets auf den ‚zwanglosen Zwang des besseren Argumentes', hat seine Position mehrfach überdacht und wie kein Philosoph vor ihm die Theorien anderer Sozialwissenschaftler und Philosophen diskursiv in sein eigenes Werk einbezogen.

Kein Zweifel, der herrschaftsfreie Diskurs ist nicht nur ein theoretisches Konstrukt und reines Ideal – er lebt. Wir spüren ihn vielleicht gerade dann am meisten, wenn er fehlt und wir uns übergangen fühlen. Denn überall dort, wo der ‚zwanglose Zwang des besseren Argumentes' der Machtausübung weicht, wo wir nicht verstanden oder gar nicht erst angehört werden, fühlen wir uns abgehängt und unterdrückt. Dort, wo er stattfindet oder seine Umsetzung versucht wird, erzeugt er tatsächlich das gute Gefühl einer gelingenden und unversehrten Intersubjektivität, wie sie Habermas vorschwebt und wie er sie uns eindringlich nahelegt:

Ich habe ein Gedankenmotiv und eine grundlegende Intuition [...]. Die Intuition [...] zielt auf die Erfahrungen einer unversehrten Intersubjektivität, fragiler als alles, was bisher die Geschichte der Kommunikationsstrukturen aus sich hervorgebracht hat [...]. [65]

Zitatverzeichnis

1 Zitat, Jürgen Habermas, Zur Logik der Sozialwissenschaften, Philosophische Rundschau, Beiheft 5, Tübingen 1967, S.124, im Folgenden zitiert als „Zur Logik der Sozialwissenschaften"
2 Zitat, Jürgen Habermas, Technik und Wissenschaft als ‚Ideologie', Frankfurt a. M. 1968, S.163, im Folgenden zitiert als „Technik und Wissenschaft als ‚Ideologie'"
3 Zitat, Jürgen Habermas, Theorie des kommunikativen Handelns, Bd. 1, Frankfurt a. M. 1976, S.387, im Folgenden zitiert als „Theorie des kommunikativen Handelns"
4 Zitat, Technik und Wissenschaft als ‚Ideologie', S.163
5 Zitat, Jürgen Habermas, Vorbereitende Bemerkungen zu einer Theorie der kommunikativen Kompetenz, in: Jürgen Habermas und Niklas Luhmann, Theorie der Gesellschaft oder Sozialtechnologie?, Frankfurt a. M. 1971, S. 137, im Folgenden zitiert als „Vorbereitende Bemerkungen zu einer Theorie der kommunikativen Kompetenz"
6 Zitat, Technik und Wissenschaft als ‚Ideologie', S. 163
7 Zitat, Jürgen Habermas, Was heißt Universalpragmatik? , in: Karl-Otto Apel, (Hrsg.), Sprachpragmatik und Philosophie, Frankfurt a. M. 1976, S. 176, im Folgenden zitiert als „Was heißt Universalpragmatik?"
8 Zitat, Zur Logik der Sozialwissenschaften, S. 124
9 Zitat, Jürgen Habermas, Kleine politische Schriften I-IV, Frankfurt a. M. 1981, S. 486, im Folgenden zitiert als „Kleine politische Schriften I-IV"
10 Zitat, ebenda, S. 486
11 Zitat, Technik und Wissenschaft als ‚Ideologie', S. 163
12 Zitat, Vorbereitende Bemerkungen zu einer Theorie der kommunikativen Kompetenz, S. 105
13 Zitat, ebenda, S. 105
14 Zitat, ebenda, S. 119
15 Zitat, ebenda, S. 137
16 Zitat, Was heißt Universalpragmatik?, S. 176
17 Zitat, ebenda, S. 176
18 Zitat, ebenda, S. 176

19　Zitat, ebenda, S. 176
20　Zitat, ebenda, S. 176
21　Zitat, Technik und Wissenschaft als 'Ideologie', S. 163
22　Zitat, Jürgen Habermas, Dialektik der Rationalisierung, Jürgen Habermas im Gespräch mit Axel Honneth, Eberhard Knödler-Bunte und Arno Widmann, in: Ästhetik und Kommunikation, Jg. 12, Heft 45/46, 1981, S. 151 f., im Folgenden zitiert als „Ästhetik und Kommunikation"
23　Zitat, Kleine politische Schriften I-IV, S. 486
24　Zitat, Jürgen Habermas, Wahrheitstheorien, in: Helmut Fahrenbach (Hrsg.), Wirklichkeit und Reflexion, Festschrift zum 60. Geburtstag von Walther Schulz, Pfullingen 1973, S. 255
25　Zitat, ebenda, S. 256
26　Zitat, ebenda, S. 255
27　Zitat, ebenda, S. 255
28　Zitat, ebenda, S. 256
29　Zitat, ebenda, S. 258 f.
30　Zitat, ebenda, S. 258 f.
31　Zitat, Immanuel Kant, Die Kritik der praktischen Vernunft, Werke in 12 Bänden, Band VII, Suhrkamp, Frankfurt a. M. 1974, S. 51
32　Zitat, Jürgen Habermas, Kommunikatives Handeln und Moralbewußtsein, Frankfurt a. M. 1983, S. 77, im Folgenden zitiert als „Kommunikatives Handeln und Moralbewußtsein"
33　Zitat, ebenda, S. 77
34　Zitat, Theorie des kommunikativen Handelns, Bd. 1, S. 525
35　Zitat, ebenda, S. 524 f.
36　Zitat, ebenda, S. 524
37　Zitat, ebenda, S. 524
38　Zitat, Technik und Wissenschaft als ‚Ideologie', S.163
39　Zitat, Jürgen Habermas, Theorie und Praxis, Frankfurt a. M., 1971, S. 350, im Folgenden zitiert als „Theorie und Praxis"
40　Zitat, Theorie des kommunikativen Handelns, Bd. 2, S. 192
41　Zitat, Technik und Wissenschaft als ‚Ideologie', S. 63
42　Zitat, Theorie und Praxis, Frankfurt a.M. 1971, S. 16
43　Zitat, Jürgen Habermas, Die neue Unübersichtlichkeit. Kleine Politische Schriften V, Frankfurt a. M. 1985, S. 189, im Folgenden zitiert als „Die neue Unübersichtlichkeit. Kleine Politische Schriften V"

44 Zitat, Theorie und Praxis, S. 308
45 Zitat, Jürgen Habermas, Erkenntnis und Interesse, Frankfurt a. M. 1973, S. 13
46 Zitat, Theorie und Praxis, S. 308
47 Zitat, ebenda, S. 232 f.
48 Zitat, Kommunikatives Handeln und Moralbewußtsein, S. 26
49 Zitat, Die neue Unübersichtlichkeit. Kleine Politische Schriften V, S. 189
50 Zitat, Theorie des kommunikativen Handelns, Bd. 2, S. 488
51 Zitat, Theorie des kommunikativen Handelns, Bd. 2, S. 522
52 Zitat, Die neue Unübersichtlichkeit. Kleine Politische Schriften V, S. 158
53 Zitat, Theorie des kommunikativen Handelns, Bd. 2, S. 488
54 Zitat, Jürgen Habermas, Die Zukunft der menschlichen Natur, Auf dem Weg zu einer liberalen Eugenik?, Frankfurt a. M. 2001, S. 107
55 Zitat, ebenda, S. 109
56 Zitat, Kleine politische Schriften I-IV, S. 486
57 Zitat, Jürgen Habermas, Faktizität und Geltung, Beiträge zur Diskurstheorie des Rechts und des demokratischen Rechtsstaates, Frankfurt a. M. 1998, S. 663
58 Zitat, ebenda, S. 61
59 Zitat, Ästhetik und Kommunikation, S. 152
60 Zitat, Theorie des kommunikativen Handelns, Bd. 1, S. 28
61 Zitat, Jürgen Habermas, Der philosophische Diskurs der Moderne, Frankfurt a.M. 1988, S. 422
62 Zitat, Theorie des kommunikativen Handelns, Bd. 1, S. 532
63 Zitat, Theorie des kommunikativen Handelns, Bd. 1, S. 37
64 Zitat, Kommunikatives Handeln und Moralbewußtsein, S. 113
65 Zitat, Ästhetik und Kommunikation, S. 151

In dieser Reihe erschienen:

Walther Ziegler
Camus in 60 Minuten
1. Auflage: April 2015
84 Seiten, Paperback, € 9,99
ISBN 978-3-7347-8170-4

Walther Ziegler
Freud in 60 Minuten
1. Auflage: April 2015
96 Seiten, Paperback, € 9,99
ISBN 978-3-7347-8024-0

Walther Ziegler
Hegel in 60 Minuten
1. Auflage: April 2015
128 Seiten, Paperback, € 9,99
ISBN 978-3-7347-8128-5

Walther Ziegler
Heidegger in 60 Minuten
1. Auflage: April 2015
108 Seiten, Paperback, € 9,99
ISBN 978-3-7347-8169-8

Walther Ziegler
Kant in 60 Minuten
1. Auflage: April 2015
144 Seiten, Paperback, € 9,99
ISBN 978-3-7347-8172-8

Walther Ziegler
Marx in 60 Minuten
1. Auflage: April 2015
112 Seiten, Paperback, € 9,99
ISBN 978-3-7347-8154-4

Walther Ziegler
Platon in 60 Minuten
1. Auflage: April 2015
112 Seiten, Paperback, € 9,99
ISBN 978-3-7347-8158-2

Walther Ziegler
Rousseau in 60 Minuten
1. Auflage: April 2015
112 Seiten, Paperback, € 9,99
ISBN 978-3-7347-2555-5

Walther Ziegler
Sartre in 60 Minuten
1. Auflage: April 2015
116 Seiten, Paperback, € 9,99
ISBN 978-3-7347-8156-8

Walther Ziegler
Smith in 60 Minuten
1. Auflage: April 2015
100 Seiten, Paperback, € 9,99
ISBN 978-3-7347-8157-5

Walther Ziegler
Habermas in 60 Minuten
1. Auflage: März 2017
128 Seiten, Paperback, € 9,99
ISBN 978-3-7431-8732-0

Walther Ziegler
Nietzsche in 60 Minuten
1. Auflage: Mai 2017
144 Seiten, Paperback, € 9,99
ISBN 978-3-7431-2747-0

Demnächst in dieser Reihe:

Walther Ziegler
Adorno in 60 Minuten

Walther Ziegler
Arendt in 60 Minuten

Walther Ziegler
Bacon in 60 Minuten

Walther Ziegler
Descartes in 60 Minuten

Walther Ziegler
Foucault in 60 Minuten

Walther Ziegler
Hobbes in 60 Minuten

Walther Ziegler
Popper in 60 Minuten

Walther Ziegler
Rawls in 60 Minuten

Walther Ziegler
Schopenhauer in 60 Minuten

Walther Ziegler
Wittgenstein in 60 Minuten

Der Autor:

Dr. Walther Ziegler hat Philosophie, Geschichte und Politik studiert. Als Auslandskorrespondent, Reporter und Nachrichtenchef des Fernsehsenders ProSieben produzierte er Filme auf allen Kontinenten. Seine Reportagen wurden mehrfach preisgekrönt. Seit 2007 bildet er in München junge TV-Journalisten aus und leitet die Medienakademie auf dem Gelände der Bavaria Film, eine Hochschulbildungseinrichtung für Film- und Fernsehstudiengänge. Er ist zugleich Autor zahlreicher philosophischer Bücher. Als langjährigem Journalisten gelingt es ihm, das komplexe Wissen der großen Philosophen spannend und verständlich darzustellen.